Le **GUIDE COMPLET** du
BALLON
EXERCISEUR

Le GUIDE COMPLET du BALLON EXERCISEUR

Plus de 200 exercices qui vous aideront à perdre du poids et à améliorer votre forme, votre force, votre souplesse et votre posture

LUCY KNIGHT

 Broquet

97-B, montée des Bouleaux, Saint-Constant, Qc, Canada, J5A 1A9
Tél. : 450 638-3338 / Téléc. : 450 638-4338
www.broquet.qc.ca / info@broquet.qc.ca

**Catalogage avant publication de Bibliothèque et Archives nationales
du Québec et Bibliothèque et Archives Canada**

Knight, Lucy

    Le guide complet du ballon exerciseur

    Traduction de : The exercise ball bible.

    Comprend un index.

    ISBN 978-2-89654-327-4

    1. Ballons suisses. I. Titre.

GV484.K6414 2013   613,7'1   C2012-941314-3

Nous reconnaissons l'aide financière du gouvernement du Canada par l'entremise du Fonds du livre du Canada pour nos activités d'édition. Nous remercions également l'Association pour l'exportation du livre canadien (AELC), ainsi que le gouvernement du Québec : Programme de crédit d'impôt pour l'édition de livres – la Société de développement des entreprises culturelles (SODEC).

Titre original : *The exercise ball bible*
Première publication en Grande-Bretagne en 2012 par Kyle Books
23 Howland Street
Londres W1T 4AY
general.enquiries@kylebooks.com
www.kylebooks.com

Texte © 2012 Lucy Knight
Photographie © 2012 Tony Chau
Conception © 2012 Kyle Books

Lucy Knight est déclarée par la présente être l'auteure de ce livre en accord avec les lois existantes.

Édition : Catharine Robertson
Conception : Heidi Baker
Photographie : Tony Chau
Révision : Barbara Archer
Index : Helen Snaith
Modèles : Delphine Gaborit, Chris Willis, Jemma Walker, Ethan Palczynski, Lisa Curwen
Coiffure et maquillage : Alisha Bailey, Katy Nixon, Marie Coulter, Beth Margetts
Production : Nic Jones et Gemma John

Mise en garde – L'auteure et l'éditeur ne peuvent en aucun cas être tenus responsables des mésaventures éventuelles résultant de la pratique d'un exercice quelconque de ce livre. Le but de ce dernier n'est pas et ne devrait pas être celui d'un guide pour le traitement de problèmes de santé graves ; veuillez avoir recours à un professionnel de la santé si vous avez des préoccupations à propos d'un aspect quelconque de votre état de santé ou de votre condition physique.

Traduction : Jean Roby et Christiane Laramée
Correction d'épreuves : Diane Martin

Copyright © Ottawa 2013 Broquet inc.
Dépôt légal – Bibliothèque et Archives nationales du Québec
1er trimestre 2013

ISBN : 978-2-89654-327-4

Imprimé en Chine

CONTENU

INTRODUCTION

Les ballons exerciseurs envahissent le monde ! Il y a des gens qui roulent dessus dans tous les centres de conditionnement physique, des cours de ballon exerciseur apparaissent à l'horaire de tout studio et, ce qui est d'un intérêt particulier, de plus en plus de gens en ont un chez eux. Malheureusement, il y a des gens qui n'ont pas encore réalisé tout le potentiel de la sphère de caoutchouc qu'ils ont rangée dans leur placard ; sans l'ombre d'un doute, c'est vraiment l'un des accessoires d'exercice physique les plus utiles et polyvalents qu'on puisse posséder.

Ce livre a pour but d'être un guide complet pour les nombreuses façons différentes d'utiliser votre ballon ; il offre une alternative de conditionnement physique pour chaque humeur et phase de la vie. Tout en étant un moyen d'exercice en soi, cet extraordinaire morceau de caoutchouc peut aussi ajouter un volet intéressant et un défi à nombre d'autres formes de conditionnement, comme le yoga et le Pilates. Pour beaucoup de femmes, il s'intègre même à leur routine prénatale, tout autant qu'il devient un compagnon de choix pour l'accouchement.

En lisant ce livre, j'aimerais que vous amorciez, avec un esprit curieux, une toute nouvelle relation avec votre ballon exerciseur, dans laquelle ce confortable ballon en caoutchouc peut devenir votre soutien, tant physique que psychologique, vous permettant d'atteindre vos objectifs. Le ballon peut être utilisé pour supporter votre poids quand les choses s'avèrent difficiles et mettre au défi votre équilibre et votre amplitude de mouvement quand vous vous sentirez prêt. Utilisez le ballon pour créer une session extrêmement amusante d'aérobique très dynamique, suivie par quelque chose autour de quoi vous pouvez vous étirer avec délice et sur quoi méditer.

Je suis convaincue que, à la fin de ce livre, vous vous sentirez, comme moi, très attaché à votre nouvel ami sphérique et surpris par les alternatives illimitées qu'il offre.

UNE BRÈVE HISTOIRE

Le ballon fut inventé en 1963 par Aquilino Cosani, un fabricant de jouets italien, qui l'appela le Gymnastik. Depuis, on lui a attribué bien des noms, dont Swiss ball, physio ball, fitness ball, ballon de gymnastique, ballon d'entraînement et ballon d'exercice, entre autres. Peu après son invention, on vit le ballon en usage dans les milieux de la physiothérapie en Suisse, d'où l'appellation Swiss ball. Il fut d'abord utilisé par une physiothérapeute anglaise, Mary Quinton, qui l'intégra à ses programmes pour les enfants atteints de paralysie cérébrale.

À la fin des années 1960, Susan Klein-Vogelbach, médecin, fondatrice et directrice d'une école de physiothérapie suisse, commença à utiliser le ballon avec des adultes dans des thérapies orthopédiques, en réhabilitation dorsale et en correction posturale. Dès le début des années 1980, des physiothérapeutes américains en visite avaient découvert le ballon et rapporté ce qu'on en savait aux États-Unis. Ce fut au début des années 1990 que le ballon exerciseur se déplaça depuis les milieux de réadaptation jusque dans l'arène du conditionnement physique, devenant un élément majeur de la tendance au renforcement profond qui prenait de l'ampleur.

Durant la dernière décennie, on a noté une hausse significative des séances d'entraînement avec ballon exerciseur dans les gyms et centres de conditionnement physique grand public. On lui reconnaît les vertus d'un moyen d'exercice adaptable pour des gens de tous âges et de toutes conditions pour améliorer leur programme d'exercice et d'autres aspects de la vie.

LES AVANTAGES DU BALLON

D'abord, les ballons exerciseurs ne coûtent pas cher. On peut s'en procurer auprès d'une vaste gamme de grands magasins ou de sites Web pour moins cher que le coût d'un cours d'exercice. Une fois que vous en avez un, il est très facile de le ranger sans occuper tout l'espace de votre chambre d'amis.

Toutefois, ce qui rend le ballon unique en son genre, ce sont les avantages qu'on retire de faire des exercices sur une surface ronde. Cela vous permet une gamme de mouvements beaucoup plus vaste qu'une surface plane comme le plancher, car vous adoptez des positions qui seraient impossibles autrement, vous permettant d'étirer, renforcer et isoler chaque muscle… parmi lesquels certains dont vous ignoriez même l'existence.

Sa rondeur signifie aussi que vous faites des exercices sur une base instable et, par conséquent, tout ce que vous décidez d'y faire exige de l'équilibre, encore de l'équilibre et toujours de l'équilibre! Face à une telle épreuve, votre corps fait appel à des muscles profonds stabilisateurs, dont beaucoup sont souvent négligés en temps normal, ce qui occasionne des blessures courantes aux genoux, chevilles, épaules et au dos. C'est aussi le renforcement de ces muscles qui contribue beaucoup à la prévention de maux de dos plus débilitants qui coûtent des millions à l'industrie chaque année. Deux Canadiens sur trois (soit environ 20 millions de personnes) souffriront de maux de dos au moins une fois dans leur vie. Tout cela pointe du doigt notre mode de vie de plus en plus sédentaire et nos milieux de travail; nous passons trop d'heures courbés devant l'ordinateur ou avachis devant nos émissions de télé préférées.

Vous remarquerez aussi que le seul fait de s'asseoir sur le ballon exige une bonne posture. À vrai dire, si vous vous répandez sur votre ballon comme vous le faites sur votre sofa, vous ne réussirez qu'à tomber par terre! Une fois la bonne posture mise en pratique sur le ballon, vous la garderez le reste de votre vie, avec les énormes avantages qui en découleront, non seulement dans la prévention des blessures, mais aussi dans votre apparence et votre confiance en soi. Nous explorons ces aspects en détail dans le Chapitre 7.

Le ballon est aussi un maître à développer des habiletés de mouvements fonctionnels. Le mouvement fonctionnel ne signifie rien d'autre que ceci: entraîner votre corps à accomplir les tâches et mouvements quotidiens nécessaires pour fonctionner dans la vie courante. Par exemple, rester fort, souple et assez sûr de soi pour participer à des activités amusantes et aventureuses avec vos enfants, sans avoir peur de détraquer votre dos quand vous les lancez en l'air!

L'usage d'un ballon exerciseur peut aussi vous aider à rester mobile à un âge avancé. Ce pourrait être la clé pour vivre votre retraite comme vous l'avez toujours espéré, en toute autonomie, plutôt que de vous sentir prisonnier à la maison ou devoir compter sur les autres. La perte de force et de souplesse se produit naturellement avec le vieillissement mais, toutefois, des exercices simples et réguliers avec le ballon peuvent faire une énorme différence, réduisant l'impact de ce processus naturel sur votre qualité de vie. Le mouvement fonctionnel est l'occasion de pratiquer des gestes quotidiens que certains d'entre nous prennent pour acquis, assurant que nous conserverons ces habiletés pour des années à venir.

Le ballon peut ajouter de l'intérêt à votre programme régulier de conditionnement physique en ouvrant un tout nouveau répertoire d'exercices choisis en tout genre. Les moniteurs de Pilates peuvent recréer certains exercices normalement exécutés sur un équipement correcteur spécialisé coûteux, de même qu'ajouter un défi supplémentaire aux exercices sur matelas. Cet aspect est abordé plus en détail dans le Chapitre 4.

En introduisant le ballon dans votre pratique du yoga, vous ajouterez une dimension tout à fait nouvelle à vos exercices. Vous découvrirez que votre corps peut adopter des postures qui, autrement, seraient impossibles et qu'il peut affronter un défi d'équilibre supplémentaire du même coup ! Le Chapitre 5 traite le sujet plus en profondeur.

Si votre objectif est la tonification musculaire, les gammes d'exercices sont illimitées et beaucoup plus agréables avec un ballon. Vous pouvez même l'utiliser comme banc de musculation pour les exercices avec haltères qu'on exécute habituellement dans les gymnases, avec l'avantage supplémentaire de faire travailler simultanément vos muscles profonds pour vous garder stable sur le ballon. Le sujet est abordé plus amplement dans le Chapitre 2.

Si vous voulez brûler des graisses ou perdre du poids, le ballon peut alors s'avérer un moyen d'exercice cardiovasculaire dynamique, tout en étant sûr, et je peux vous garantir qu'aucun autre cours du genre aérobique ne vous fera rire autant ! Beaucoup d'exercices aérobiques traditionnels peuvent être adaptés pour le ballon ; en outre, on peut le lancer et l'attraper, rebondir dessus et créer toute une gamme de chorégraphies avec mouvements circulaires et soulèvements. Le ballon absorbe une part du choc normalement associé aux exercices aérobiques à impact élevé, ce qui en fait une alternative beaucoup plus acceptable pour vos articulations. Le Chapitre 3 traite le sujet en profondeur.

Les bienfaits ne s'arrêtent pas là. On utilise aussi le ballon de plus en plus dans les cours prénataux pour encourager une grossesse en santé, aider lors d'un accouchement actif en écourtant le travail et fournir aux femmes un moyen confortable d'adopter des positions d'accouchement appropriées. Une fois le bébé mis au monde, le ballon peut s'avérer un moyen rapide et agréable pour retrouver votre silhouette d'avant la grossesse. On traite du sujet plus en détail dans le Chapitre 8.

On peut aussi utiliser le ballon simplement comme siège. Ça peut sembler évident, mais il y a des avantages majeurs à remplacer votre fauteuil de bureau par un ballon. En fait, depuis des années, les physiothérapeutes militent en faveur du remplacement des chaises et fauteuils dans les bureaux et les écoles par des ballons. Ce n'est pas seulement en vertu des bienfaits pour la force des muscles profonds et la posture ; des études ont démontré que s'asseoir sur un ballon peut améliorer la concentration, particulièrement chez les enfants. Une étude de 2003 publiée dans l'American Journal of Occupational Therapy concluait que les élèves souffrant de troubles déficitaires de l'attention avec hyperactivité (TDAH) se comportaient mieux et étaient capables de se concentrer et d'écrire plus lisiblement quand ils étaient assis sur un ballon.

Que vous cherchiez à améliorer votre condition physique, perdre du poids, tonifier vos muscles, augmenter votre souplesse ou tout simplement disposer d'un moyen de faire de l'exercice avec plus de plaisir, il existe beaucoup d'alternatives avec le ballon exerciseur pour ce faire.

Par conséquent, si vous ne possédez pas de ballon, l'heure est venue d'aller en chercher un et de lui donner un nom… parce qu'il deviendra assurément votre nouveau meilleur ami !

LES AVANTAGES

O Abordable et facile à ranger.

O Peut être utilisé comme élément d'un programme de conditionnement physique pour tonifier les muscles, améliorer la bonne condition physique, perdre du poids, accroître la souplesse et améliorer la posture.

O Une plus grande étendue de mouvements est possible, grâce à la forme ronde du ballon.

O Faire de l'exercice sur une surface instable fait appel aux muscles stabilisateurs profonds, qui seraient peu sollicités autrement.

O Renforce les muscles profonds, ce qui aide à prévenir les blessures au dos et autres blessures courantes.

O Développe des habiletés de mouvement fonctionnel, nous permettant de rester fort, souple et autonome à un âge avancé.

O Ajoute de l'intérêt à d'autres types d'exercices, comme le yoga et le Pilates.

O Peut être utilisé pour aider la grossesse et l'accouchement.

O Peut servir de siège, ce qui améliore la posture et la concentration en prime.

CHAPITRE UN

POUR COMMENCER

QUEL BALLON CHOISIR ?

Devant la grande gamme de couleurs, de tailles et de résistance, en plus de tous les noms utilisés sur le marché, il peut s'avérer quelque peu difficile de décider quel ballon acheter.

La première chose à considérer est la taille, car il est très important d'acheter le ballon qui convienne à votre grandeur. Utilisez le tableau ci-dessous comme guide général, mais chaque manufacturier peut préciser de légères différences et la taille du ballon peut varier. Alors vérifiez toujours les recommandations du fabricant. Si cela est possible, tester la taille du ballon avant de l'acheter serait aussi une bonne idée. On peut le faire en s'assoyant sur le ballon comme sur une chaise. Une fois assis, vos hanches devraient être alignées sur vos genoux, ou tout juste un peu plus hautes. Si vous hésitez entre deux grandeurs, il est toujours préférable de prendre le plus gros ballon et de le dégonfler légèrement.

Guide de la taille du ballon

Votre grandeur	Taille du ballon
Sous 1,50 m (4 pi 11 po)	45 cm
1,50 à 1,60 m (4 pi 11 po à 5 pi 4 po)	55 cm
1,65 à 1,80 m (5 pi 5 po à 5 pi 10 po)	65 cm
Plus de 1,80 m (5 pi 11 po)	75 cm

Assurez-vous ensuite que le ballon que vous achetez est fait d'un matériau résistant à la crevaison. Cela signifie que, si pour une raison quelconque vous percez votre ballon, plutôt que d'éclater, il se dégonflera lentement vous permettant d'en descendre en sécurité. Essayez d'éviter les marques utilisant des matériaux de piètre qualité qui ne possèdent pas cet avantage.

Examinez les ballons qui vous sont offerts et choisissez-en un qui semble robuste et dont la surface semble avoir un peu de prise.

GONFLER VOTRE BALLON

Vous pourriez découvrir que votre ballon est offert avec une pompe pour le gonflement. Sinon, vous pouvez en acheter une en ligne à très bas prix, spécialement conçue pour le ballon. Par ailleurs, en autant que vous ayez les bons adapteurs, vous pouvez utiliser soit une pompe électrique qui se branche dans la prise du briquet d'auto, soit une pompe à pied ordinaire.

Idéalement, vous voulez que votre ballon soit plutôt ferme ; par contre, si vous êtes un débutant, il est parfois préférable que le ballon soit un petit peu plus mou, car il offre ainsi plus de support et de stabilité. Plus le ballon est ferme, plus les exercices seront une épreuve d'équilibre. Une bonne façon de vérifier que votre ballon est gonflé au bon diamètre consiste à entrouvrir une porte à la grandeur du diamètre exact, puis de voir s'il s'ajuste dans l'ouverture.

Quand on gonfle le ballon la première fois, certains fabricants recommandent de ne le gonfler qu'à 70 % de sa capacité et d'attendre le lendemain pour compléter le gonflement. Vous vous rendrez compte aussi que votre ballon « perd » un peu d'air après les premiers jours d'usage et qu'il faudra alors y ajouter de l'air à ce moment.

PRENDRE SOIN DE VOTRE BALLON

Avant de commencer vos exercices avec le ballon, assurez-vous que l'espace autour de vous est propre et exempt de tout objet coupant ou d'éléments de mobilier qui pourraient l'endommager.

Le ballon est une pièce d'équipement qui exige très peu d'entretien, si ce n'est un rapide nettoyage à l'eau savonneuse de temps à autre.

DE QUEL ESPACE AURAI-JE BESOIN ?

L'espace dont vous aurez besoin dépend entièrement de ce que vous avez l'intention de faire avec le ballon. L'idéal serait une pièce qui vous procurera la longueur de votre corps autour du ballon dans toutes les directions. Cela vous permettra de faire la plupart des exercices sans constamment réajuster le ballon. Néanmoins, il est possible de travailler dans un espace plus restreint, mais cela exigera de repositionner le ballon avant de commencer chaque nouvel exercice.

Si vous avez l'intention d'essayer certains mouvements et routines d'aérobie présentés dans le livre (ce que je recommande fortement), il faudra être plus attentif à ce qui vous entoure, comme les objets fragiles, les luminaires, etc., avant de commencer à lancer et faire rebondir le ballon !

AURAI-JE BESOIN D'AUTRES ACCESSOIRES OU DE VÊTEMENTS PARTICULIERS ?

Vous n'avez pas besoin d'acheter des vêtements spéciaux pour utiliser le ballon ; assurez-vous simplement de porter un vêtement ample et confortable, mais évitez ce qui pourrait s'enrouler autour du ballon pendant que vous bougez. C'est une bonne idée que de porter un pantalon qui se roule jusqu'aux genoux si nécessaire car, pour certains exercices, vous aurez besoin d'une bonne prise avec les jambes sur le ballon. Pour la plupart des sections du livre, je conseillerais de travailler sur le ballon pieds nus, car les souliers de course ont tendance à être gênants. Toutefois, quand vous travaillerez la section aérobie, remettez vos souliers, car ils aideront à absorber tout impact du plancher, vous évitant des blessures.

L'accessoire ou pièce d'équipement que vous me verrez utiliser tout au long du livre est un tapis de yoga (matelas d'exercice). Je l'utilise essentiellement pour être plus confortable quand je m'allonge ou m'agenouille sur le plancher ; il procure aussi une surface antidérapante sur laquelle travailler. Bien qu'un matelas ne soit pas une nécessité, je vous recommande de vous en procurer un. Un tapis de yoga est idéal ; assurez-vous qu'il est antidérapant. Si votre budget ne vous permet pas cet achat maintenant, ne vous en faites pas ; vous pouvez improviser en utilisant une carpette ou un espace recouvert d'un tapis à la maison.

Vous noterez aussi qu'une partie du Chapitre 2 est consacrée à l'utilisation de poids avec le ballon. Si vous avez déjà des poids à main (petits haltères), c'est super : vous aurez besoin de poids entre 0,45 et 1,8 kg (1 et 4 lb) selon l'exercice. Si vous n'avez pas d'haltères cachés au fond d'un placard, ne vous en faites pas. Au début de cette section, j'explique comment en fabriquer une excellente paire par vous-même.

Il y a eu des tas d'autres accessoires conçus pour être utilisés avec le ballon, comme des socles, des courroies de transport, des bandeaux de résistance, des fauteuils-ballons, etc. Certains d'entre eux sont évidemment utiles, mais aucun n'est essentiel.

LISTE DE CONTRÔLE AVANT DE COMMENCER

○ Si vous avez des problèmes de santé, si vous êtes enceinte, si vous recevez un traitement médical ou prenez quelque médicament que ce soit, il est toujours préférable de consulter votre médecin avant de commencer tout programme d'exercices.

○ Assurez-vous de porter des vêtements confortables qui ne restreignent pas vos mouvements.

○ Assurez-vous que l'espace environnant est libre de tout objet qui pourrait perforer le ballon et que, idéalement, vous disposez d'une marge de manœuvre correspondant à la longueur de votre corps dans toutes les directions.

○ Assurez-vous de travailler sur une surface confortable et antidérapante : un tapis de yoga de préférence.

○ Assurez-vous de vous accorder quelques minutes pour vous familiariser avec le ballon avant de commencer la série d'exercices.

SE FAMILIARISER AVEC LE BALLON

Si vous n'avez jamais travaillé avec un ballon, je vous suggère de prendre quelques minutes pour habituer votre corps au ballon. Cela vous permettra de sentir comment le ballon bouge quand vous déplacez votre poids et changez de position, et d'acquérir un peu d'assurance avant d'amorcer tout mouvement spécifique.

Commencez par vous asseoir sur le ballon et jouez avec lui pour voir comment on se sent quand on le pousse à droite et à gauche, vers l'avant et vers l'arrière. Vous commencerez à percevoir votre centre de gravité et saurez jusqu'où vous pouvez vous déséquilibrer sans basculer tout à fait.

Ensuite, essayez de vous étendre sur le ballon en prenant appui sur les mains et les genoux. Cette fois encore, jouez avec votre poids, vérifiez jusqu'où vous pouvez aller en marchant sur vos mains, découvrez les limites de votre propre équilibre sur le ballon.

TROUVER ET MAINTENIR UN ALIGNEMENT NEUTRE DE LA COLONNE VERTÉBRALE

En travaillant sur le ballon, pour éviter les blessures et renforcer les muscles profonds, il est essentiel de travailler (quand cela est approprié) en position neutre de la colonne vertébrale. Maintenir une colonne vertébrale neutre signifie que nous sommes conscient des courbes naturelles de la colonne vertébrale : courbe intérieure au cou (colonne cervicale), courbe extérieure au haut du dos (colonne dorsale) et vers l'intérieur encore au bas du dos (colonne lombaire). Ces courbes sont là pour servir d'amortisseurs pour notre corps.

Nous ne devons pas leur permettre de devenir trop exagérées quand nous adoptons certaines positions, car cela pourrait exercer une pression inutile sur la colonne vertébrale et entraîner des blessures. Dans les exercices suivants, nous allons nous assurer que la colonne vertébrale est en position neutre quand nous prenons différentes positions avec et sans le ballon. Nous apprendrons aussi comment utiliser les muscles abdominaux pour protéger la colonne vertébrale, afin de pouvoir se déplacer sur le ballon sans compromettre la position neutre.

Exemple de posture incorrecte. On voit ici une courbe trop exagérée du bas du dos, exerçant une pression sur la colonne vertébrale.

Posture correcte. C'est l'illustration de l'alignement neutre de la colonne vertébrale.

Nous commencerons par trouver la position neutre de la colonne vertébrale sans le ballon en position debout et, ensuite, assis sur le ballon. Il est préférable de faire les exercices qui suivent devant un miroir sur pied, si possible. Ainsi, vous pourrez voir les mouvements les plus subtils de la colonne vertébrale et vous rappeler visuellement à quoi ressemble la position neutre.

POSITION NEUTRE DEBOUT

1 **ⓐ** Debout les pieds écartés à la largeur des hanches, les genoux légèrement relaxés et les bras le long du corps.

2 Transférez votre poids sur vos orteils **ⓑ** et, ensuite, de nouveau sur vos talons **ⓒ**. Poursuivez ce mouvement de va-et-vient, tout en le diminuant graduellement. Vous devriez commencer à percevoir une position centrale où vous vous sentez plus centré et en équilibre ; arrêtez à cet endroit.

3 Assurez-vous que vos épaules sont détendues dans cette position et que votre cou est aligné sur le reste de la colonne vertébrale ; le menton ne devrait être ni relevé, ni tombant.

4 Ensuite, tout en gardant votre poids centré, commencez à bouger le bassin d'avant **ⓓ** en arrière **ⓔ**, en diminuant encore le mouvement graduellement jusqu'à ce que vous sentiez un lieu au centre où votre bassin semble lourd et très centré ; arrêtez à cet endroit. C'est votre position neutre debout de la colonne vertébrale.

ⓐ ⓑ ⓒ ⓓ ⓔ

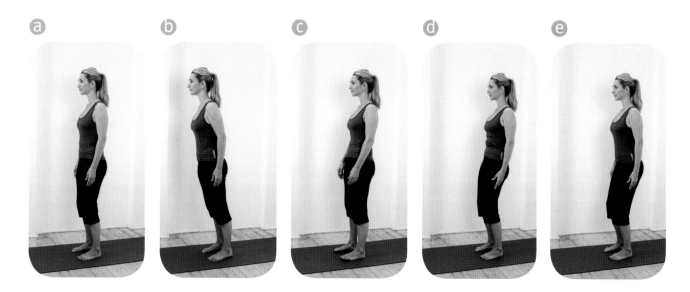

POSITION NEUTRE ASSISE

1  Commencez assis sur le ballon, les pieds écartés à la largeur des hanches. Assurez-vous d'être assis directement sur les os des fesses (les protubérances osseuses sous votre derrière que vous pouvez sentir quand vous êtes assis sur un plancher dur).

2 Imaginez que vous grandissez, que vous allongez par la couronne de votre tête, les épaules poussant vers le bas.

3 Bougez votre bassin d'avant  en arrière  en diminuant le mouvement peu à peu jusqu'à ce que vous vous arrêtiez dans la position où vous sentez que votre colonne vertébrale est le mieux centrée. C'est votre position neutre assise.

(a)

(b)

(c)

CONSEIL

À cause de la forme naturelle du corps, vous découvrirez que, en position assise, la courbe naturelle de la colonne vertébrale est moins accentuée que lorsque vous êtes debout.

MOBILISER LES MUSCLES PROFONDS

Nous devons maintenant faire participer nos muscles «profonds» si nous voulons maintenir la position neutre de la colonne vertébrale quand le mouvement entre en jeu.

Les muscles profonds ne se limitent pas qu'aux muscles de l'estomac, ils comprennent aussi le muscle transverse de l'abdomen, les muscles transversaires épineux, le diaphragme et les muscles du plancher pelvien, lesquels sont tous situés autour de la région de l'abdomen et du bassin. En utilisant tous ces muscles, vous gagnez un maximum de stabilité autour de la région abdominale et du bas du dos, réduisant la tension.

Les exercices suivants utilisent des visualisations par lesquelles vous pouvez apprendre comment «mobiliser» vos muscles profonds. C'est une étape très importante à maîtriser avant de commencer le travail avec le ballon.

MOBILISER LES MUSCLES PROFONDS: EXERCICE 1

1   Commencez debout, la colonne vertébrale en position neutre; imaginez que vous portez une ceinture autour de l'abdomen et qu'elle a dix trous. Prenez une inspiration profonde et, tout en expirant, imaginez que vous serrez la ceinture jusqu'au dixième trou; elle est alors aussi serrée qu'elle peut l'être. Relâchez ensuite la ceinture jusqu'au troisième trou et gardez-la à cet endroit. C'est une contraction à 30%, correcte pour vous permettre de bouger librement, mais qui conserve assez de stabilité abdominale et vertébrale.

MOBILISER LES MUSCLES PROFONDS: EXERCICE 2

1   Cette fois, vous allez apprendre à étirer les muscles du plancher pelvien. Pour avoir une idée de ce que sont ces muscles, imaginez que vous urinez et que vous voulez arrêter subitement. Pratiquez cela quelques fois, afin de vraiment sentir travailler les muscles du plancher pelvien.

2   Maintenant que vous savez où sont ces muscles, imaginez qu'un ascenseur de 10 étages se déplace de votre bassin jusqu'à la base de votre cage thoracique. Prenez ensuite une inspiration profonde et, au moment où vous commencez à expirer, tirez l'ascenseur jusqu'au dixième étage. Ensuite, permettez à l'ascenseur de descendre jusqu'au troisième étage et gardez-le là. Vous avez ici encore 30% de contraction que vous vous efforcez de maintenir.

Vous pouvez utiliser l'une ou l'autre de ces visualisations chaque fois qu'on vous demande de «mobiliser les muscles profonds» ou, quand vous aurez un peu plus d'expérience, vous pourrez tenter de les utiliser toutes deux en même temps. Bien que cela puisse sembler très peu naturel si ce n'est pas quelque chose auquel vous êtes habitué, cela devrait bientôt devenir une deuxième nature; vous vous découvrirez automatiquement en train de les mobiliser quand, dans votre vie de tous les jours, vous vous assoirez ou serez debout.

POSITIONS DE BASE

Les positions suivantes sont utilisées encore et encore avec le ballon. On les appelle les positions de base et vous vous rendrez compte en travaillant avec ce livre que la plupart des exercices commencent ou comptent l'une de ces positions. Si vous commencez à utiliser le ballon, je vous recommande fortement de faire l'essai de chaque position et de maîtriser complètement leur amorce et leur sortie avant de passer aux exercices.

1. POSITION DE BASE ASSISE

1   **a** Assoyez-vous sur le ballon, les pieds écartés à la largeur des hanches, les genoux alignés sur les articulations des chevilles et les bras le long du corps. Assurez-vous que votre colonne vertébrale est en position neutre.

2. LA MARCHE ASSISE

C'est un mouvement de transition que l'on utilise pour entrer et sortir d'autres positions.

1   **b** Toujours en position de base assise, faites marcher vos pieds vers l'avant, permettant au ballon de remonter un peu le long de votre colonne vertébrale **c**. Arrêtez quand le ballon se trouve au bas de votre dos.

2   Marchez ensuite à reculons, en laissant votre corps reprendre sa position de base assise.

3. POSITION INCLINÉE

1   De votre position de base assise, utilisez la marche assise pour marcher jusqu'à ce que le ballon se trouve de nouveau au bas de votre dos. Assurez-vous que vos pieds sont à plat sur le sol, écartés à la largeur des hanches et que votre cou est en position neutre.

2   Ici, on peut utiliser trois différentes positions de bras : croisés sur la poitrine **d**, les mains aux tempes **e** ou les bras tendus à la verticale au-dessus de la tête **f**.

4. POSITION COUCHÉE SUR LE DOS AVEC SUPPORT DORSAL OU CERVICAL

1. De votre position inclinée sur le ballon, déplacez votre poids un petit peu plus vers l'arrière sur le ballon en faisant quelques pas, de manière à ce que le ballon se trouve au bas de votre dos. C'est la position couchée avec support dorsal.

2. Faites ensuite marcher vos pieds vers l'avant, en laissant le ballon rouler vers le haut de la colonne vertébrale jusqu'à ce qu'il se trouve à l'arrière de votre cou. Gardez vos hanches levées dans cette position, afin que votre torse soit parallèle au plancher. C'est votre position couchée avec support cervical; parfois, on l'appelle aussi la position du pont suspendu.

3. Dans les deux positions couchées, vous pouvez placer les bras le long du corps , croisés sur la poitrine ou sur les tempes .

5. POSITION COUCHÉE DE CÔTÉ

1 **a** Commencez à genoux sur le plancher, le ballon à votre droite.

2 **b** Allongez votre corps sur le côté par-dessus le ballon en vous assurant de garder vos hanches bien droites vers l'avant, tout en étirant le bras droit sur le ballon, vers le plancher.

3 **c** Pour la position des jambes la plus classique, étendez la jambe du dessus sur le côté, en gardant la jambe du dessous pliée.

4 **d** Pour la deuxième position des jambes, pliez la jambe du dessus en plaçant le pied à plat sur le plancher devant la ligne formée par votre corps, puis étendez la jambe du dessous.

5 **e** Pour la position en ciseaux (la plus difficile) étendez les deux jambes afin que la jambe du dessus soit en ciseaux sur celle du dessous, le poids réparti également sur les deux pieds.

6 Pour rendre cette position encore plus difficile, vous pouvez placer la main du dessous sur le ballon **f** ou sur la tempe **g**.

6. POSITION COUCHÉE SUR LE VENTRE

1 (a) Il y a trois variantes à cette position. Pour un support du tronc, commencez à genoux sur le sol, face au ballon ; placez les mains sur le sol par-dessus le ballon pour être en position à quatre pattes.

2 (b) Pour un support des hanches, marchez à quatre pattes en vous éloignant un petit peu du ballon tout en lui permettant de rouler vers le bas de votre corps. C'est ce qu'on appelle la marche couchée sur le ventre. Arrêtez quand le ballon se trouve sous vos hanches.

3 (c) Pour un support des jambes, continuez de marcher en vous éloignant du ballon jusqu'à ce qu'il se trouve sous vos jambes. Plus vous vous éloignez, plus la position devient difficile à maintenir. Ne vous éloignez du ballon qu'à la distance où vous serez capable de garder votre colonne vertébrale en position neutre, sans que vous ne commenciez à vous affaisser au centre.

BIEN RESPIRER

La respiration est une chose à laquelle la plupart d'entre nous accordent peu d'attention, bien qu'elle soit essentielle à la vie. Notre corps est habitué à inspirer automatiquement l'oxygène qui est ensuite transporté dans tout l'organisme par les globules sanguins. C'est ainsi que, durant les exercices, nous oxygénons nos muscles actifs et leur fournissons un sang riche en nutriments. Quand nous expirons, nous évacuons les toxines et les gaz, comme le dioxyde de carbone, dont notre corps n'a pas besoin.

Par conséquent, respirer correctement est essentiel si vous êtes sur le point d'entreprendre un exercice de haute intensité durant une période de temps soutenue. Si nous ne parvenons pas à respirer correctement, les muscles ne recevront pas l'oxygène essentiel requis pour continuer à travailler à un niveau d'intensité plus élevé. En général, on expire naturellement lorsque l'intensité d'un exercice augmente et vous devriez trouver un rythme naturel afin de coordonner votre souffle avec les mouvements. Quand la fatigue vous atteint, il est important d'éviter de prendre des respirations peu profondes, qui ne remplissent qu'à moitié la capacité totale de vos poumons.

Quand vous faites un exercice aérobique (par aérobique, j'entends un exercice qui accroît votre rythme respiratoire et vous fait avoir chaud et transpirer), votre rythme respiratoire peut être une bonne façon de mesurer le degré d'intensité. Plutôt que d'utiliser un appareil de surveillance cardiaque ou de prendre votre pouls, l'American Heart Association recommande d'utiliser le rythme de conversation comme alternative pour évaluer l'intensité de l'exercice.

1 Si vous pouvez parler facilement en faisant l'exercice, vous ne travaillez pas assez fort.
2 Si vous êtes vite à bout de souffle et devez arrêter pour reprendre votre souffle, il faudrait ralentir un peu.

Quand nous travaillons sur le ballon et plaçons notre corps dans des positions où il faut maintenir la colonne vertébrale en position neutre, notre respiration doit être un peu plus réfléchie. Pour offrir un meilleur support au bas du dos et au bassin, nous devons, bien sûr, «mobiliser les muscles profonds»; par conséquent, il est difficile de respirer profondément dans l'abdomen tout en maintenant 30 % de contraction. Nous devons apprendre une nouvelle technique de respiration avec laquelle nous dirigerons la respiration vers la cage thoracique.

PRÉPARATION À LA RESPIRATION

Ces exercices vous enseigneront comment diriger la respiration dans différentes régions de la cage thoracique afin de maintenir la position neutre de la colonne vertébrale et la contraction des muscles profonds.

EXERCICE DE RESPIRATION 1

Diriger la respiration à l'arrière de la cage thoracique tout en maintenant la contraction des muscles profonds.

1   Commencez à genoux devant le ballon, les mains placées de chaque côté du ballon.

2   Roulez ensuite le ballon vers l'avant, en étendant les bras devant vous. Arrondissez le dos et inclinez la tête vers l'avant en position de détente. Contractez les muscles profonds à 30 %.

3   Inspirez par le nez en envoyant votre respiration à l'arrière de la cage thoracique, puis expirez par la bouche.

4   Gardez la position quelque temps en prenant de lentes respirations contrôlées ; sentez vraiment l'arrière de votre cage thoracique se gonfler chaque fois qu'elle se remplit d'air.

CONSEIL

Imaginez que vous êtes un poisson respirant par ses branchies. Assurez-vous d'inspirer et d'expirer profondément, sans créer de tension ailleurs dans le corps.

Diriger la respiration à l'arrière de la cage thoracique tout en maintenant la colonne vertébrale neutre et la contraction des muscles profonds.

1   ⓐ Commencez couché sur le plancher, les jambes sur le ballon. Assurez-vous que vos genoux sont bien alignés sur vos hanches et écartés à la largeur de celles-ci. Votre colonne vertébrale devrait être en position neutre, c'est-à-dire qu'il devrait y avoir une légère courbe au bas de votre dos – tout juste assez pour glisser une feuille de papier en-dessous, sans plus. Contractez les muscles profonds en pensant à serrer votre ceinture jusqu'au troisième trou et tirer l'ascenseur jusqu'au troisième étage, afin de maintenir cette position dans la colonne vertébrale et le bassin.

2   ⓑ Placez les mains sur votre cage thoracique, les doigts pointant vers l'intérieur. Pensez à prendre un rythme respiratoire naturel, tout en dirigeant la respiration à l'arrière de la cage thoracique. Quand vous inspirez, vos doigts devraient s'éloigner les uns des autres avec l'expansion de la cage thoracique ; quand vous expirez, ils devraient se rapprocher. Respirez ainsi quelques minutes.

CONSEIL

Quand vous inspirez, pensez à tirer les muscles du plancher pelvien, ou visualiser l'ascenseur. Quand vous expirez, pensez à rétablir la connexion entre l'abdomen et la colonne vertébrale, ou resserrer la ceinture.

EXERCICE DE RESPIRATION 3

Diriger la respiration dans le côté de la cage thoracique, alors que vous êtes couché de côté sur le ballon, et maintenir la contraction des muscles profonds. Cet exercice sert aussi à ouvrir et étirer chaque poumon à tour de rôle.

1 **a** Commencez à genoux, le ballon à votre droite. Contractez les muscles profonds.

2 **b** Passez maintenant votre bras droit par-dessus le ballon, en laissant votre corps se détendre sur le ballon. Étirez le bras gauche par-dessus votre tête en étirant la jambe gauche sur le côté.

3 Inspirez par le nez en dirigeant la respiration dans le côté gauche de votre cage thoracique, puis expirez par la bouche. Prenez 5 à 6 respirations dans cette position, puis répétez de l'autre côté.

CONSEIL

Assurez-vous que votre corps demeure aligné tandis qu'il couvre le ballon. Vos hanches et vos épaules devraient être bien droites vers l'avant.

ÉCHAUFFEMENT

Pourquoi devrais-je m'échauffer ? J'ai entendu cette question tant de fois au cours des années. L'échauffement est probablement la part la plus sous-estimée de tout programme d'exercices et, par conséquent, la part qui a le plus de chance d'être supprimée quand on manque de temps. Néanmoins, je ne peux insister assez sur les avantages d'un bon échauffement approprié à l'exercice auquel vous vous préparez à participer.

L'échauffement est conçu pour préparer le corps aux exigences de l'exercice qui va suivre. L'idée, c'est d'accroître graduellement la circulation sanguine et la température globale de votre corps. Alors que votre système circulatoire commence à pomper un sang riche en oxygène vers les muscles en action, ils deviennent plus souples. Vous pourriez comparer vos muscles à un morceau de pâte à modeler : froide, elle a tendance à se briser assez facilement si on l'étire ; par contre, avec un peu d'échauffement, elle se révèle plutôt malléable et élastique. Les muscles froids ne sont pas souples, absorbent mal les chocs ou les impacts et sont, par conséquent, très sujets aux blessures.

L'augmentation graduelle de l'activité aide aussi à préparer le cœur, évitant une hausse rapide de la tension artérielle. Elle prépare les voies liant les nerfs aux muscles à l'exercice et du liquide synovial est libéré afin de lubrifier les articulations et, une fois encore, rendre les muscles plus souples et élastiques. Votre corps subira même certains changements hormonaux durant l'échauffement, en augmentant la production d'hormones qui régulent la production d'énergie, rendant disponibles plus de glucides et d'acides gras pour plus d'énergie.

Peut-être que, au-delà de toutes les raisons d'entreprendre un échauffement, la plus négligée est se préparer mentalement. L'échauffement aide à nettoyer l'esprit des pensées et tracas quotidiens et permet de se concentrer sur le travail à faire. Je peux dire honnêtement que les fois où j'ai omis de m'échauffer correctement, j'ai trouvé incroyablement difficile de détacher mon esprit des tâches quotidiennes et ma motivation n'y était pas !

En avançant dans ce livre, vous prendrez part avec votre ballon à différents styles d'exercices. Pour chacun d'entre eux, l'échauffement requis est légèrement différent. Tous les exercices d'échauffement ont un point commun, soit préparer le corps à ce qui va venir ; vous devrez donc les adapter en conséquence. Les éléments importants d'un échauffement sont : hausser votre température corporelle afin que vous vous sentiez réchauffé, mobiliser les articulations et procéder à un étirement musculaire préparatoire. C'est-à-dire un étirement léger qui sert de préparation, sans tenter un étirement profond ou un accroissement de la flexibilité.

Vous pouvez choisir entre ne faire que certains des exercices présentés ici ou les faire tous, ou encore suivre la routine que j'ai préparée pour vous à la fin du chapitre. Quel que soit votre choix, assurez-vous que votre échauffement dure 5 à 10 minutes. Certaines types d'exercices du livre n'exigent pas un échauffement séparé. Dans la section du yoga (Chapitre 5) et la section du Pilates (Chapitre 4), votre échauffement consistera à concentrer l'esprit et la respiration et sera expliqué à l'intérieur de chaque chapitre. Dans le Chapitre 8 (Grossesse, accouchement et au-delà), nous étudierons comment adapter les exercices selon la phase qui est la vôtre.

EXERCICES D'ÉCHAUFFEMENT

REGARDER À DROITE ET À GAUCHE

? DANS QUEL BUT ? Faire bouger le cou.

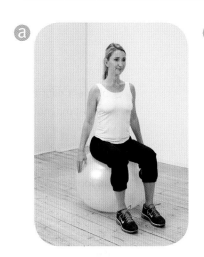

1 **a** Commencez assis sur le ballon en position neutre de la colonne vertébrale, les pieds sur le plancher écartés à la largeur des hanches, les genoux alignés directement sur les chevilles et les bras relaxés le long du corps.

2 **b** En gardant votre nez de niveau, tournez la tête lentement de manière à regarder par-dessus votre épaule droite.

3 Revenez au centre.

4 Répétez vers la gauche.

HAUSSER LE NIVEAU

Pour ajouter un défi d'équilibre à cet exercice, essayez de nouveau en soulevant, de quelques centimètres, la jambe droite du plancher. Après avoir regardé dans les deux directions, changez de jambe.

CONSEILS

- Assurez-vous qu'il n'y a pas de mouvement ailleurs dans le corps tandis que la tête tourne d'un côté et de l'autre. C'est une très bonne occasion de sentir la contraction des muscles profonds garder votre tronc en place.

- Imaginez que votre nez est un morceau de craie et que vous tracez un demi-cercle continu autour de votre tête.

> **?** **DANS QUEL BUT ?** Faire bouger le bassin.

1 **ⓐ** Commencez assis sur le ballon en position neutre de la colonne vertébrale, les pieds sur le plancher écartés à la largeur des hanches, les genoux alignés directement sur les chevilles et les bras relaxés le long du corps.

2 Poussez ensuite vos hanches vers l'avant **ⓑ**, puis continuez en cercle vers la droite **ⓒ**, puis vers l'arrière et, finalement, vers la gauche **ⓓ** jusqu'à ce que vous ayez complété un cercle entier et soyez revenu en position neutre.

3 Répétez, en commençant vers la gauche.

 **HAUSSER LE NIVEAU**

1 Commencez en position neutre, comme précédemment.
2 Cette fois, en commençant par la droite, tracez un «8» avec vos hanches.

CONSEILS

- Essayez de garder vos genoux et vos chevilles immobiles durant tout l'exercice.
- Conservez la contraction des muscles profonds, ce qui vous assurera de ne pas trop arquer la colonne vertébrale.
- Si nécessaire, touchez les côtés du ballon pour plus de stabilité.

? DANS QUEL BUT ? Faire bouger les articulations des épaules et mettre au défi votre position neutre de la colonne.

1 **a** Commencez assis sur le ballon en position neutre de la colonne vertébrale, les pieds écartés à la largeur des hanches, les genoux alignés directement sur les chevilles et les bras le long du corps.

2 **b** Depuis le ballon, faites un cercle complet vers l'arrière avec le bras droit.

3 Répétez avec le bras gauche.

4 Reprenez ensuite l'exercice avec le bras droit, mais vers l'avant, cette fois. Répétez avec le bras gauche.

HAUSSER LE NIVEAU

1 Commencez en position neutre, comme précédemment.
2 Cette fois, faites des cercles avec les deux bras en même temps, d'abord vers l'arrière, puis vers l'avant.

CONSEILS

- Utilisez les visualisations de l'ascenseur et de la ceinture telles que présentées plus tôt dans le chapitre pour stabiliser le torse pendant que les bras sont en mouvement. C'est particulièrement difficile quand on bouge les deux bras simultanément.

- Essayez d'éviter les torsions de la colonne vertébrale : les hanches et les épaules devraient demeurées bien droites vers l'avant.

DANS QUEL BUT ? Ouvrir la cage thoracique et faire bouger le torse.

1 Commencez assis sur le ballon en position neutre de la colonne vertébrale, les pieds écartés à la largeur des hanches, les genoux alignés directement sur les chevilles et les bras le long du corps.

2 Tout en gardant vos épaules bien droites vers l'avant, descendez la main droite le long du ballon aussi loin que ce soit confortable ⓑ, puis revenez en position neutre.

3 Répétez avec la main gauche.

 HAUSSER LE NIVEAU

1 Commencez en position neutre, comme précédemment.
2 Une fois la main droite descendue au maximum, levez le bras gauche au-dessus de la tête.
3 Revenez en position neutre, puis répétez de l'autre côté.

CONSEILS

• Essayez de garder la tête alignée sur le reste de la colonne vertébrale quand vous vous penchez de côté. Vous éviterez ainsi toute tension dans le cou.

• N'allez pas plus bas que votre zone de confort, ce qui vous permettra de maintenir la contraction des muscles profonds.

? DANS QUEL BUT ? Hausser le rythme cardiaque et faire bouger les articulations des genoux et des hanches.

1 **a** Commencez assis au centre du ballon en position neutre de la colonne vertébrale, les pieds écartés à la largeur des hanches, les genoux alignés directement sur les chevilles et les bras le long du corps.

2 **b** Commencez à rebondir de haut en bas en poussant sur le plancher avec vos pieds et en laissant votre derrière quitter légèrement le ballon, mais pas trop, pour éviter que ce dernier roule et s'éloigne de vous.

3 Continuez de respirer tout en demeurant détendu en rebondissant.

HAUSSER LE NIVEAU

1 Commencez à rebondir, comme précédemment.
2 Balancez les bras devant vous à la hauteur des yeux, puis derrière tout en continuant à rebondir.

CONSEILS

- Gardez les genoux directement alignés sur vos chevilles quand vous rebondissez.

- Assurez-vous de ne pas plier ou tordre la colonne vertébrale en rebondissant.

- Rebondissez légèrement au début, puis augmentez la vigueur lorsque vous devenez plus sûr de vous.

DANS QUEL BUT ? Tester votre équilibre et faire bouger les articulations des genoux.

1 Commencez assis sur le ballon en position neutre de la colonne vertébrale, les pieds écartés à la largeur des hanches, les genoux alignés directement sur les chevilles et les mains touchant légèrement les côtés du ballon.

2 Levez le pied droit à quelques centimètres du sol.

3 Étendez ensuite la jambe droite devant vous, tout en conservant votre équilibre.

4 Repliez le genou comme en et ramenez le pied sur le plancher.

5 Répétez avec le pied gauche.

HAUSSER LE NIVEAU

1 Commencez en position neutre, comme précédemment, mais cette fois étendez les bras de côté.
2 Répétez l'exercice en alternant les jambes, tout en maintenant la position des bras.

CONSEILS

- Imaginez qu'un bout de corde est attaché à la couronne de votre tête et que quelqu'un vous tire vers le plafond, vous allongeant autant que possible. Conservez cette visualisation pour chacune des jambes que vous soulevez du sol.

- Commencez en gardant la jambe basse ; vous pourrez augmenter la hauteur une fois que vous aurez gagné en confiance et en équilibre.

DEMI-PANTINS

? **DANS QUEL BUT ?** Augmenter le rythme cardiaque et faire bouger les articulations des hanches et des épaules.

 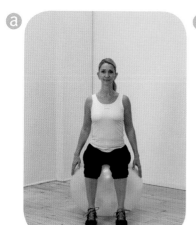

1 Commencez assis sur le ballon en position neutre de la colonne vertébrale, les pieds écartés à la largeur des hanches, les genoux alignés directement sur les chevilles et les bras le long du corps.

2 Commencez à rebondir et, au premier rebond, étendez le bras droit et la jambe droite de côté **b** ; au deuxième rebond, ramenez-les en position de départ.

3 Répétez à gauche en rebondissant à un rythme régulier.

HAUSSER LE NIVEAU

1 En position assise, au premier rebond, lancez les jambes et les bras de chaque côté, en même temps.

2 Au deuxième rebond, ramenez les jambes et les bras en position de départ, prêts à recommencer.

CONSEILS

- Assurez-vous que vos genoux sont dans la même direction que vos orteils quand vous bougez les jambes de côté.

- Rebondissez légèrement au début et augmentez la vigueur lorsque vous gagnez de l'assurance.

- Gardez votre colonne vertébrale en position neutre, évitez de la plier ou de la tordre en rebondissant.

DANS QUEL BUT ? Augmenter le rythme cardiaque et faire bouger les articulations des genoux.

1   Commencez assis sur le ballon en position neutre de la colonne vertébrale. Vérifiez que vos pieds sont écartés à la largeur des hanches, les genoux alignés directement sur les chevilles et les bras le long du corps, les mains légèrement appuyées sur le ballon.

2 Placez le pied droit sur le côté en y mettant votre poids , puis tapez du pied gauche devant vous .

3 Répétez de l'autre côté, en rebondissant quand vous changez de côté.

HAUSSER LE NIVEAU

1 Commencez en position neutre de la colonne vertébrale, placez le pied droit sur le côté et mettez votre poids sur ce pied.

2 Cette fois, en tapant du pied gauche devant vous, levez le bras gauche vers l'avant, reportez une partie de votre poids sur la main droite afin qu'elle vous repousse du ballon pour permettre à vos fesses de se soulever légèrement du ballon.

3 Répétez de l'autre côté, en essayant, cette fois encore, de rebondir.

CONSEILS

- Maintenez la colonne vertébrale en position neutre et la contraction des muscles profonds en vous déplaçant d'un côté à l'autre.

- Rebondissez légèrement au début, en augmentant la vigueur lorsque vous prenez de l'assurance.

- Servez-vous du contact main-ballon pour aider à vous stabiliser quand vous changez de côté.

DANS QUEL BUT ? Augmenter le rythme cardiaque et faire bouger les articulations des hanches et des genoux.

1   Commencez assis sur le ballon en position neutre de la colonne vertébrale. Écartez largement les pieds, les genoux fléchis, en tournant les jambes vers l'extérieur afin que pieds et genoux pointent vers l'extérieur à un angle de 45° (ou de manière à être confortable dans la position). Ramenez votre poids vers l'avant du ballon, en vous étirant les hanches.

2   Roulez votre poids sur le côté droit, en augmentant la flexion du genou droit, tout en vous assurant que le genou demeure aligné sur le pied, et en tendant la jambe gauche.

3   Poussez-vous ensuite complètement de l'autre côté. Votre genou gauche devrait maintenant être plié et votre jambe droite tendue.

4   Continuez de pousser d'un côté à l'autre, en laissant le ballon rouler en dessous de vous.

HAUSSER LE NIVEAU

1   Commencez les bercements d'un côté à l'autre.
2   En pliant la jambe droite, déplacez les bras devant le corps afin qu'ils pointent vers la jambe gauche tendue.
3   En changeant de côté et en pliant le genou gauche, déplacez les bras devant le corps afin qu'ils pointent vers votre jambe droite tendue.
4   Continuez le bercement en conservant un rythme régulier.

CONSEILS

• Gardez toujours les genoux au-dessus des pieds, bien alignés sur l'articulation de la cheville.

• En gardant votre poids à l'avant du ballon quand vous bougez d'un côté à l'autre, vos jambes travailleront plus et, par conséquent, retireront plus de bénéfices de l'exercice.

• Assurez-vous de garder le tronc bien droit vers l'avant quand vous introduisez le mouvement des bras. Cela évitera une torsion inutile de la colonne vertébrale.

DANS QUEL BUT ? Augmenter le rythme cardiaque et faire bouger les articulations des hanches et des genoux.

1 Commencez assis sur le ballon en position neutre de la colonne vertébrale, les pieds écartés à la largeur des hanches, les genoux alignés directement sur les chevilles et les bras le long du corps.

2 Avec les pieds, poussez sur le plancher en activant les muscles des cuisses comme si vous alliez vous mettre debout, mais soulevez plutôt votre derrière à trois centimètres seulement du ballon, puis rassoyez-vous. En vous redressant, levez les bras à la hauteur des yeux , puis laissez-les retomber en vous assoyant.

HAUSSER LE NIVEAU

Faites l'exercice tel que décrit mais, cette fois, levez les bras au-dessus de la tête.

CONSEILS

- Ne vous soulevez pas trop du ballon afin qu'il ne s'éloigne pas de vous en roulant.

- Assurez-vous que les genoux demeurent alignés sur les chevilles pour éviter une tension dans l'articulation des genoux.

- Gardez les muscles profonds contractés pour protéger le bas du dos.

SQUATS

 DANS QUEL BUT ? Augmenter le rythme cardiaque et faire bouger les articulations des hanches et des genoux.

1 Commencez debout en position neutre de la colonne vertébrale, en tenant le ballon à deux mains et en contractant les muscles profonds. Vérifiez que vos pieds sont écartés à la largeur des hanches et vos genoux, légèrement fléchis.

2 Pliez les genoux et assoyez-vous vers l'arrière, comme si vous aviez l'intention de vous asseoir sur une chaise. En même temps, levez le ballon à la hauteur de la poitrine.

3 Redressez les genoux, en reprenant votre position de départ, et rabaissez le ballon en même temps. Répétez à une cadence rythmée.

4 Répétez à une cadence rythmée.

 HAUSSER LE NIVEAU

Commencez comme précédemment mais, cette fois, levez les bras jusqu'à ce qu'ils soient à la hauteur de votre front.

CONSEILS

- Assurez-vous que, lorsque vous pliez les genoux, l'angle formé est supérieur à 90°.

- En vous pliant, gardez les genoux alignés directement sur les chevilles et assurez-vous qu'ils demeurent écartés à la largeur des épaules.

- Gardez les abdominaux contractés quand vous faites le squat, tout en vous assurant de ne pas courber le bas du dos.

TRACER DES « 8 » AVEC LES BRAS

? DANS QUEL BUT ? Augmenter le rythme cardiaque et faire bouger les articulations des épaules.

1 **ⓐ** Commencez debout en position neutre de la colonne vertébrale, en tenant le ballon à deux mains au-dessus de votre tête. Contractez les muscles profonds. Gardez les pieds écartés à la largeur des hanches et les genoux légèrement fléchis.

2 Balancez les bras vers le bas de manière à ce que le ballon passe près de votre hanche droite **ⓑ**, en continuant le cercle jusqu'à ce que vos bras soient derrière votre tête **ⓒ**. Balancez les bras immédiatement vers le bas, le ballon passant cette fois près de votre hanche gauche avant de retourner au-dessus de votre tête pour compléter le mouvement en « 8 ».

☰ HAUSSER LE NIVEAU

Complétez le mouvement tel que décrit mais, cette fois, au moment où les bras balancent vers le bas, pliez les genoux et, au moment où ils remontent au-dessus de la tête, redressez-les.

CONSEILS

- Assurez-vous de maintenir la contraction des muscles profonds tout au long de la séquence pour stabiliser la position du torse.

- Essayez d'expirer quand vos bras balancent vers le bas, et d'inspirer quand ils remontent au-dessus de la tête.

- Commencez l'exercice lentement et essayez d'augmenter de vitesse une fois que vous aurez maîtrisé le mouvement en « 8 ».

ÉTIREMENT DES ISCHIO-JAMBIERS EN POSITION ASSISE

? DANS QUEL BUT ? Étirer les muscles ischio-jambiers à l'arrière des jambes et les préparer aux exercices à venir.

1   Commencez assis sur le ballon en position neutre, les pieds écartés à la largeur des hanches, les genoux directement alignés sur les chevilles et les mains posées délicatement sur les cuisses.

2   Étirez la jambe droite, en mettant le talon sur le plancher devant vous.

3   Penchez ensuite votre corps vers l'avant aussi loin que possible, tout en gardant la position confortable, jusqu'à ce que vous sentiez un étirement au haut de l'arrière de la jambe droite . Tenez 30 secondes, puis répétez avec la jambe gauche.

 HAUSSER LE NIVEAU

Reprenez l'exercice comme précédemment mais, cette fois, en pliant le torse vers l'avant, tenez les orteils du pied droit avec la main droite et tirez délicatement le pied vers vous. Cela augmentera l'intensité de l'étirement.

CONSEILS

*   Pensez à relaxer dans l'étirement plutôt que de le forcer.
*   Demeurez confortable dans l'étirement qui n'a pour but, à ce point, que l'échauffement. L'intention n'est pas d'aller trop en profondeur.

TAPEMENTS DE PIEDS AVEC PRESSION DES BRAS
SUR LA POITRINE EN POSITION DEBOUT

? DANS QUEL BUT ? Augmenter le rythme cardiaque et faire bouger les épaules, les genoux et les hanches.

1   Commencez debout, l'écart entre vos pieds excédant la largeur de vos hanches, en tenant le ballon à deux mains devant votre poitrine. Assurez-vous que vos genoux sont légèrement fléchis et que les muscles profonds sont contractés.

2 Pliez les genoux, **b** puis tendez-les en mettant votre poids sur la jambe gauche et tapez du pied droit sur le côté. En même temps, poussez le ballon vers l'avant, en tendant les bras à la hauteur de la poitrine **c**.

3 Pliez de nouveau les genoux et ramenez le ballon vers votre poitrine **d**, puis tendez les genoux une fois encore, en mettant votre poids sur la jambe droite cette fois et tapez du pied gauche sur le côté **e**.

HAUSSER LE NIVEAU

Répétez l'exercice tel que décrit, mais cette fois, quand vous tendez les bras, poussez-les au-dessus de votre tête plutôt que vers l'avant.

CONSEILS

- Assurez-vous que les genoux demeurent alignés sur les chevilles quand vous les pliez.

- Assurez-vous de ne pas verrouiller les coudes quand vous tendez les bras : gardez plutôt de la souplesse dans l'articulation.

- Essayez de coordonner votre respiration de façon à expirer quand vous tendez les jambes et les bras.

? **DANS QUEL BUT ?** Étirer les muscles deltoïdes des épaules.

ⓐ  **ⓑ**

CONSEILS

- Demeurez confortable dans l'étirement.
- Asurez-vous que votre corps demeure bien droit vers l'avant pour éviter toute torsion de la colonne vertébrale.

1 **ⓐ** Commencez assis sur le ballon, les pieds écartés à la largeur des hanches, les genoux alignés sur les chevilles et la colonne vertébrale en position neutre. Contractez les muscles profonds.

2 **ⓑ** Étendez le bras droit devant le corps, placez la main gauche sur le coude droit et servez-vous de votre main pour tirer le bras vers la poitrine.

3 Tenez l'étirement 30 secondes, puis relâchez le bras et répétez de l'autre côté.

ÉTIREMENT DES TRICEPS

 DANS QUEL BUT ? Étirer les triceps à l'arrière des bras.

1 **a** Commencez assis sur le ballon, les pieds écartés à la largeur des hanches, les genoux alignés sur les chevilles et la colonne vertébrale en position neutre. Contractez les muscles profonds.

2 **b** Étendez la main droite vers le bas du dos, aussi loin que possible et poussez doucement sur le coude avec la main gauche.

3 Demeurez en position 30 secondes. Relâchez le bras et répétez de l'autre côté.

HAUSSER LE NIVEAU

Si vos épaules sont souples, plutôt que de pousser sur votre coude, vous pouvez essayer d'atteindre l'autre main au haut du dos et de joindre les doigts.

CONSEILS

- Essayez de ne pas arquer le dos quand vous étendez la main vers le bas du dos.
- Assurez-vous de rester confortable dans la position quand vous poussez sur le bras.

ÉTIREMENT DES QUADRICEPS

? **DANS QUEL BUT ?** Étirer les quadriceps à l'avant des cuisses.

1 **a** Commencez sur les mains et les genoux, à plat ventre sur le ballon. Marchez un peu pour soulever les genoux du plancher, afin que votre poids soit réparti également entre vos mains et vos pieds.

2 **b** Amenez le talon droit vers vos fesses et tenez votre pied avec la main droite. Gardez les hanches en contact avec le ballon.

3 Poussez les hanches dans le ballon pour augmenter l'étirement. Gardez la position 30 secondes.

4 Relaxez la jambe en la déposant sur le plancher. Répétez avec la jambe gauche.

CONSEILS

- Essayez de ne pas créer de tension dans le haut du corps pour atteindre le pied. Si vous avez de la difficulté, utilisez une serviette ou la ceinture d'une robe de chambre enroulée autour du pied pour vous aider à l'atteindre.

- Gardez les hanches et les épaules alignées sur le plancher.

- Maintenez les yeux rivés sur le plancher afin de garder le cou aligné avec le reste de la colonne vertébrale.

? **DANS QUEL BUT ?** Étirer les muscles fléchisseurs des hanches, les muscles fessiers et les muscles ischio-jambiers.

CONSEILS

- Assurez-vous que le genou droit demeure bien aligné sur la cheville quand votre jambe est en position fendue. Cela évitera d'exercer une pression excessive sur l'articulation du genou.

- Une fois en position, poussez la hanche de la jambe étendue dans le ballon afin de sentir que l'étirement du fléchisseur de la hanche augmente.

1 **a** Commencez debout, le ballon sur le sol près de votre pied droit.

2 **b** Glissez la jambe droite vers l'arrière en position fendue. En même temps, utilisez la main droite pour placer le ballon sous votre hanche droite.

3 Gardez l'étirement 30 secondes, en utilisant le ballon pour offrir autant de support que nécessaire, au besoin.

4 Revenez en position debout et répétez avec la jambe gauche.

ROUTINE D'ÉCHAUFFEMENT

J'ai préparé une routine amusante à partir des exercices présentés dans les pages précédentes. Bien sûr, vous pourriez avoir beaucoup de plaisir à chorégraphier votre propre routine d'échauffement en vous servant des exercices de la liste ci-dessous ou en ajoutant des exercices de votre cru. Trouvez une musique entraînante à votre goût, faites-la jouer et c'est parti !

Regarder à droite et à gauche (page 29)
x16 Au rythme de la musique

Rotations des hanches (page 30)
1 lente de chaque côté, 4 rapides de chaque côté

Flexions latérales en position assise (page 32)
Vers la droite, puis vers la gauche

Cercles des bras en position assise (page 31)
Cercle à droite, puis à gauche

Flexions latérales en position assise (page 32)
Vers la droite, puis vers la gauche

Cercles des bras en position assise (page 31)
Cercle à droite, puis à gauche

Rebondir sur le ballon (page 33)
x16 Rebondissez au rythme de la musique en comptant jusqu'à 16

Extension des jambes en position assise (page 34)
x4 Étendre à droite et à gauche

Rebondir sur le ballon (page 33)
x16 Rebondissez au rythme de la musique en comptant jusqu'à 16

Étirement des ischio-jambiers en position assise (page 41)
Étirez chaque jambe, en tenant la position 15 à 30 secondes

Demi-pantins (page 35)
Répétez 8 fois à droite, 8 fois à gauche,
puis 16 fois en alternant les jambes

Étirement des épaules (page 44)
Étirez chaque épaule, en tenant la position
10 à 15 secondes

Étirement des triceps (page 45)
Étirez chaque bras, en tenant la position
10 à 15 secondes

Bercements d'un côté à l'autre (page 37)
x16 En alternant les côtés

Tapements de pieds (page 36)
x16 En alternant les jambes

Position mi-debout (page 38)
x16 En restant debout après la dernière

Tracer des « 8 » avec les bras (page 40)
x8 En alternant les côtés

Squats (page 39)
x16

**Tapements de pieds avec pression des bras sur
la poitrine en position debout** (page 42)
x16 En alternant les jambes

Étirement des quadriceps (page 46)
Étirez chaque jambe, en tenant la position
jusqu'à 30 secondes

Fente avec support du ballon (page 47)
Fendez de chaque côté, en tenant la position
jusqu'à 30 secondes

Tracer des « 8 » avec les bras (page 40)
x8 En alternant les côtés

Squats (page 39)
x16

**Tapements de pieds avec pression des bras sur
la poitrine en position debout** (page 42)
x16 En alternant les jambes

CHAPITRE DEUX

SE RAFFERMIR ET SE RENFORCER AVEC LE BALLON

INTRODUCTION

Ce chapitre se consacre entièrement au raffermissement et au renforcement des parties de votre corps qui manquent de tonus, et à l'amélioration de votre silhouette et du fonctionnement de votre corps. La polyvalence du ballon permet de l'utiliser comme poids, banc ou surface pour permettre des positions qui, autrement, seraient impossibles, ou possibles seulement avec un partenaire.

Tout au long du chapitre, vous trouverez des exercices spécifiques à chaque partie du corps, ce qui vous permettra de choisir la partie du corps sur laquelle vous aimeriez agir. Néanmoins, n'oubliez pas que le corps est un ensemble intégré qui a besoin d'équilibre. Si vous ne travaillez que les muscles du dos, les muscles opposés de la poitrine s'affaibliront éventuellement ; par conséquent, essayez de planifier les exercices afin que, au cours de la semaine, voire de deux semaines, vous ayez couvert tous les groupes de muscles.

La musculation est parfois écartée, particulièrement par la clientèle féminine chez qui l'accent est mis très fortement sur la perte de poids. J'ai eu de nombreuses clientes qui ronchonnaient à l'idée d'inclure des exercices musculaires à leur programme, parce qu'elles craignaient irrationnellement d'avoir, en quelques semaines, des muscles semblables à ceux de l'incroyable Hulk ! N'utilisant que le poids de votre corps, ou de légers haltères, l'entraînement musculaire avec le ballon ne vous dotera certainement pas de muscles volumineux. En fait, c'est plutôt l'inverse qui se produira : le ballon favorise les muscles longs et minces, des muscles profonds forts et une belle posture : songez à l'élégance d'une danseuse ou d'un danseur.

Tout en donnant du tonus, de la force et une silhouette mieux définie, la musculation offre de nombreux autres bienfaits. Elle introduit de nombreux avantages dans un programme de perte de poids, car non seulement les exercices brûlent-ils des calories, mais encore la hausse du tonus musculaire augmente le métabolisme, ce qui vous permettra de brûler des calories longtemps après que votre entraînement est fini. S'entraîner avec des haltères ralentit aussi le processus naturel de la perte de force et de densité osseuse. Il a été prouvé que l'entraînement musculaire réduit grandement nos chances de souffrir, à un âge avancé, d'une maladie débilitante comme l'ostéoporose. De nombreuses études ont aussi démontré qu'il peut aider à abaisser la tension artérielle et le taux de cholestérol sanguin.

Les occasions d'adapter les exercices à vos besoins sont infinies. N'ayez pas peur d'adapter un peu un exercice, s'il ne convient pas à votre corps, et, très souvent, il est possible d'utiliser le ballon pour un support additionnel au besoin. Par contre, ne tombez pas dans le piège de toujours faire les exercices que vous trouvez plus faciles ! Essayez d'en choisir des plus difficiles, car ce sont ceux qui vous feront probablement le plus de bien !

Quand vous utiliserez le ballon, vous réaliserez que vous pouvez agir sur chaque muscle du corps, dont certains que vous découvrirez peut-être pour la première fois. Il vous sera plus facile d'identifier les grands groupes de muscles que sur la surface plane traditionnelle du plancher ou d'un banc et vous agirez automatiquement sur les petits muscles stabilisateurs en vous maintenant en équilibre sur le ballon, ce qui vous donnera des articulations plus fortes et moins sujettes aux blessures.

Toutefois, rappelez-vous que vous êtes sur une surface instable qui défie sans cesse votre centre de gravité. Le secret, c'est de toujours garder votre mouvement sous un contrôle conscient. En travaillant trop vite, on perd le contrôle du mouvement et l'élan prend le dessus. Ce qui signifie que, entraîné par l'élan et non par vos muscles, l'exercice sera beaucoup moins efficace et vous serez beaucoup plus à risque de vous blesser ou de perdre l'équilibre. Un bon test de contrôle, c'est de vous assurer que vous pouvez arrêter à tout moment pendant chaque exercice.

EXERCICES POUR LE HAUT DU CORPS

LEVERS AVANT DU BALLON

 DANS QUEL BUT ? Raffermir et renforcer les muscles des épaules.

1   Commencez debout, les pieds écartés à la largeur des hanches, les genoux légèrement détendus, les muscles profonds contractés, en tenant le ballon à deux mains.

2   Levez d'abord les bras à la hauteur des épaules, en vous arrêtant brièvement à cet endroit , puis continuez le mouvement jusqu'au-dessus de la tête .

3   Redescendez ensuite lentement les bras, pour reprendre la position de départ.

CONSEILS
- Gardez les coudes relaxés : ne verrouillez pas l'articulation.
- Évitez de déplacer votre poids vers l'arrière en élevant les bras ; contracter les muscles profonds évitera que cela se produise.
- Gardez le contrôle du mouvement. Ne soyez pas tenté de lever vite les bras, surtout quand vous sentez le ballon devenir lourd !

L'ASPIRATEUR

 DANS QUEL BUT ? Renforcer les muscles du bas du dos. Vous ferez aussi participer tous ces muscles stabilisateurs profonds qui vous maintiennent en équilibre sur le ballon.

1   Commencez sur les mains et les genoux, à plat ventre sur le ballon. Marchez sur les mains jusqu'à ce que le ballon se trouve sous vos cuisses. Une fois là, en maintenant toujours la colonne vertébrale en position neutre, descendez sur les coudes et joignez les doigts afin que vos avant-bras forment un triangle. Contractez l'abdomen tout en vous assurant que votre corps forme une diagonale rectiligne des épaules aux orteils .

2   Tout en conservant la diagonale, roulez-vous lentement vers l'avant jusqu'à ce que votre nez se trouve au-delà de vos mains et pointé vers le sol devant vous .

3   Ensuite, tout en gardant le contrôle, roulez-vous en arrière pour revenir à la position de départ.

4   Répétez le mouvement 12 à 15 fois.

 HAUSSER LE NIVEAU

1   Commencez sur les mains et les genoux, à plat ventre sur le ballon. Cette fois, en marchant sur les mains, allez plus loin, en vous arrêtant seulement quand le ballon est sous vos jambes. Descendez sur les coudes et joignez les doigts.

2   Répétez les étapes 2 à 4.

CONSEILS

- La contraction des muscles profonds vous permettra de maintenir la position en diagonale. Imaginez que vous êtes une planche de bois qui ne plie pas, ni ne s'affaisse.

- Demeurez confortable quand vous descendez. Accordez-vous du temps pour devenir meilleur si, au début, vous trouvez cet exercice difficile pour le haut du corps.

- Gardez le mouvement stable et contrôlé.

- Essayez de coordonner votre respiration. Expirez quand vous roulez vers l'avant et expirez quand vous revenez en position de départ.

NATATION

1 ⓐ Commencez sur les mains et les genoux, à plat ventre sur le ballon.

2 ⓑ Allongez ensuite les jambes et posez les mains sur le ballon, en trouvant votre équilibre dans cette position.

3 Commencez à nager en exécutant un mouvement de brasse avec le bras droit. Poussez le bras vers l'avant tout en abaissant le haut du corps sur le ballon ⓒ ; déplacez ensuite le bras sur le côté, tout en étirant le haut du corps pour vous monter plus haut que le ballon ⓓ.

4 Répétez 12 à 15 fois, en alternant les bras.

1 Répétez les étapes 1 et 2, comme précédemment.
2 Quand vous nagez à l'étape 3, utilisez les deux bras simultanément pour le mouvement de brasse e f.
3 L'étape 4 ne change pas.

CONSEILS

- Quand vous nagez avec un bras, gardez l'autre bras sur le ballon pour vous soutenir et garder votre équilibre.

- Quand vous étirez le haut du corps, essayez de conserver une diagonale rectiligne de la tête aux pieds. Essayez de ne pas trop vous étirer, ce qui peut créer une tension au bas du dos.

- Si vous trouvez cet exercice trop difficile, gardez les genoux sur le plancher jusqu'à ce que vous ayez acquis un peu plus de force au bas du dos.

POMPES EN APPUI SUR LE BALLON

 DANS QUEL BUT ? Renforcer et raffermir les muscles de la poitrine, des épaules et les triceps. Cet exercice excelle aussi pour tester la position neutre de la colonne vertébrale et la contraction des muscles profonds. Beaucoup plus polyvalent que les pompes traditionnelles sur le plancher !

1 Commencez avec les mains et les genoux sur le plancher, à plat ventre sur le ballon. Marchez sur les mains vers l'avant jusqu'à ce que le ballon roule sous vos jambes. Arrêtez quand le ballon est sous vos cuisses. Assurez-vous que vos mains sont alignées directement sur vos épaules et que les muscles profonds sont contractés, maintenant la colonne vertébrale en position neutre .

2 Pliez les bras en abaissant le nez vers le plancher. Restez concentré sur la descente vers le plancher, tout en vous assurant que votre dos ne s'affaisse pas au milieu 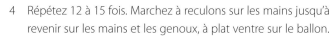.

3 Tendez à nouveau les coudes en poussant sur le plancher avec le talon des mains ⓒ.

4 Répétez 12 à 15 fois. Marchez à reculons sur les mains jusqu'à revenir sur les mains et les genoux, à plat ventre sur le ballon.

1 Répétez l'étape 1 comme précédemment, mais continuez de marcher vers l'avant jusqu'à ce que le ballon se trouve sous vos jambes. Plus vous avancerez, plus l'exercice sera difficile. N'allez pas au-delà de la distance de maintien de la colonne vertébrale en position neutre ⓓ.

2 Répétez les étapes 2 à 4, comme au début.

Niveau avancé

Vous pouvez aussi marcher encore plus loin, jusqu'à ce que le ballon se trouve sous vos pieds ⓔ. Comme il s'agit ici d'un exercice très avancé, ne l'exécutez que lorsque vous aurez développé assez de force pour conserver la colonne vertébrale stable dans cette position.

CONSEILS

- Vos épaules devraient être alignées directement sur vos poignets tout au long de l'exercice. Ne vous laissez pas rouler à reculons sur le ballon.

- Gardez les coudes légèrement pliés quand vous étirez les bras : ne verrouillez pas l'articulation.

- Votre colonne vertébrale doit toujours être supportée par la contraction des muscles profonds. Ne vous affaissez pas au bas du dos, car cela exercera beaucoup de pression sur la colonne vertébrale et pourrait entraîner une blessure. Si vous sentez que cela se produit, reculez un peu sur votre ballon jusqu'à ce que vous vous sentiez à l'aise de pouvoir maintenir la colonne vertébrale en position neutre.

- Votre corps devrait demeurer fort et stable, formant un tout, durant l'exercice.

- Gardez les yeux rivés sur le plancher. Cela garantira que votre tête est alignée sur le reste de la colonne vertébrale.

- Coordonnez votre respiration. Inspirez en descendant et expirez en remontant.

RENFORCEMENT DES TRICEPS

 DANS QUEL BUT ? Renforcer et raffermir les triceps : éliminer le muscle flasque sous le bras.

1 Commencez assis sur le plancher, les pieds sur le dessus du ballon, les mains posées sur le plancher derrière vous, les doigts pointés vers votre corps. Assoyez-vous très droit dans cette position, le poids de votre corps reposant sur les mains.

2 Ensuite, fléchissez lentement les coudes tout en gardant la colonne vertébrale droite.

3 Redressez-vous de nouveau en reprenant la position de départ.

4 Répétez 12 à 15 fois.

 HAUSSER LE NIVEAU

1 Commencez assis comme à l'étape 1 mais, cette fois, levez votre derrière du plancher.

2 Répétez les étapes 2 à 4 comme précédemment, en gardant le derrière au-dessus du plancher.

1  Commencez assis sur le devant du ballon, les mains posées sur le ballon derrière vous, les doigts pointés vers le corps.

2 Reportez votre poids sur les bras et levez votre derrière du ballon.

3 Fléchissez lentement les coudes, tout en gardant votre équilibre.

4 Redressez ensuite les coudes en essayant de garder les poignets et les coudes stables tout au long de l'exercice.

5 Répétez 8 à 10 fois.

CONSEILS

- Essayez de garder le corps stable tout au long de l'exercice. Les coudes devraient être la seule partie du corps en mouvement.

- Gardez la colonne vertébrale allongée tout au long de l'exercice. Il est tentant d'arrondir le dos quand les coudes sont pliés ; par conséquent, restez concentré sur l'allongement de la colonne vertébrale.

- Renforcez-vous lentement, un niveau à la fois ; ne sautez pas les étapes pour passer au niveau avancé avant d'avoir acquis assez de force dans le haut du corps pour stabiliser les articulations.

EXERCICES POUR LE BAS DU CORPS

SQUATS AU MUR

? **DANS QUEL BUT ?** Raffermir et mettre en forme les jambes et les fesses.

1 **a** Logez le ballon dans le creux du dos et laissez-le vous soutenir tandis que vous reportez votre poids sur le mur. Faites marcher vos pieds afin qu'ils soient à une enjambée environ de votre corps.

2 **b** Pliez les genoux, laissant le ballon remonter votre colonne vertébrale, jusqu'à ce que vos cuisses soient parallèles au plancher.

3 Redressez ensuite les jambes pour revenir à la position de départ.

4 Répétez l'exercice 10 à 15 fois.

1 Commencez à l'étape 1, comme précédemment.
2 Pliez de nouveau les genoux, en laissant le ballon remonter votre colonne vertébrale, jusqu'à ce que vos cuisses soient parallèles au plancher.
3 **C** Soulevez les talons du plancher.
4 **d** Redressez les jambes tout en gardant les talons levés.
5 Ramenez les talons sur le plancher.
6 Répétez l'exercice 10 à 15 fois.

CONSEILS

- Quand vous êtes accroupi en position de squat, vous devriez être capable de voir vos orteils au-delà des genoux. Sinon, vous devez faire marcher vos pieds plus loin du mur quand vous êtes en position de départ.

- Garder les muscles profonds contractés durant l'exercice vous aidera à rester en équilibre.

- Si vous préférez rendre l'exercice un peu plus facile en attendant d'avoir renforcé vos jambes, débutez avec un plus petit squat.

C

d

SQUATS EN APPUI SUR LE BALLON

? **DANS QUEL BUT ?** Raffermir et mettre en forme les jambes et les fesses. Le roulement du ballon permet de recréer la pression qu'utilisent certaines machines dans les gymnases.

1 **a** Commencez assis sur le ballon. Marchez vers l'avant : le ballon remonte votre colonne vertébrale et vous vous couchez sur le dos sur le ballon. Continuez d'avancer jusqu'à ce que le ballon soit sous les omoplates et que l'arrière de votre tête repose sur le ballon. Vérifiez que vos genoux sont alignés directement sur vos chevilles et que vos hanches se trouvent à la même hauteur que vos genoux. Croisez les mains sur la poitrine.

2 **b** Abaissez ensuite les hanches vers le plancher en vous assoyant en squat, tout en laissant le ballon rouler avec vous.

3 Poussez ensuite dans le plancher avec les talons en faisant rouler le ballon vers l'arrière et en soulevant les hanches pour reprendre la position de départ. Répétez le mouvement 10 à 15 fois.

HAUSSER LE NIVEAU

1 Répétez les étapes 1 et 2, comme précédemment.
2 Cette fois, en poussant vers l'arrière pour reprendre votre position de départ, levez un pied à quelques centimètres du plancher.
3 Tout en descendant en position de squat, mettez les deux pieds sur le plancher et, la prochaine fois que vous pousserez vers l'arrière, soulevez l'autre pied du plancher.
4 Répétez 10 à 15 fois, en alternant les jambes.

CONSEILS

- Assurez-vous que vos genoux sont alignés directement sur vos chevilles tout au long de l'exercice.

- Gardez la tête relaxée sur le ballon pour éviter toute tension dans le cou.

CONTRACTION DES MUSCLES FESSIERS EN POSITION COUCHÉE SUR LE VENTRE

? DANS QUEL BUT ? Mieux raffermir et tonifier les fesses.

1   Commencez sur les mains et les genoux, à plat ventre sur le ballon. Poussez ensuite votre poids vers l'avant afin de poser les avant-bras sur le plancher, les doigts joints, et votre front sur les mains. Allongez les jambes derrière vous afin que le bout de vos pieds touchent le sol. Tournez les jambes afin que genoux et pieds pointent vers l'extérieur à un angle de 45° **a**.

2   **b** Soulevez les pieds du plancher jusqu'à former une diagonale rectiligne de la tête aux pieds.

3   Faites de légers rebonds avec les jambes afin de les abaisser de quelques centimètres, puis soulevez-les de nouveau en contractant fortement les muscles des fesses.

4   Faites 20 à 30 contractions, puis prenez une pause.

CONSEILS

* Le mouvement des jambes devrait résulter de la contraction des muscles du derrière. Assurez-vous de ne pas bouger les jambes de haut en bas.

* Gardez le reste du corps en position stable tout au long de l'exercice pour éviter de perdre l'équilibre sur le ballon.

* Vous devriez ressentir l'exercice dans les fesses et l'arrière des jambes. Si vous le ressentez au bas du dos, ne serait-ce qu'un peu, déplacez votre poids un peu vers l'avant sur vos bras.

MUSCLES ABDUCTEURS : SOULÈVEMENTS EN POSITION COUCHÉE SUR LE CÔTÉ

(?) DANS QUEL BUT ? Raffermir et renforcer les muscles de l'extérieur de la cuisse.

1 **a** Commencez à genoux, le ballon à votre droite.

2 **b** Étendez le bras droit sur le ballon jusqu'au plancher, tout en allongeant la jambe gauche sur le côté. Gardez les hanches et les épaules bien droites vers l'avant. Déposez la main gauche sur le dessus du ballon pour éviter qu'il ne bouge.

3 **c** Levez la jambe gauche sur le côté jusqu'à ce qu'elle soit de niveau avec la hanche.

4 Ensuite, abaissez lentement la jambe à son point de départ, en la gardant à quelques centimètres du plancher.

5 Répétez 10 à 15 fois, puis faites l'exercice de l'autre côté.

CONSEILS

- Le lever et la descente doivent se faire lentement et en contrôle – ce n'est pas un coup de pied.

- Si vous ressentez la moindre tension dans le cou, essayez de plier le bras du dessous et posez la tête sur votre main.

- Coordonnez votre respiration. Inspirez en levant la jambe et expirez en l'abaissant.

MUSCLES ADDUCTEURS : SOULÈVEMENTS EN POSITION COUCHÉE SUR LE CÔTÉ

? DANS QUEL BUT ? Renforcer et raffermir les muscles de l'intérieur de la cuisse.

1 Commencez à genoux, le ballon à votre droite.

2 **b** Étendez le bras droit sur le ballon jusqu'au plancher. Pliez la jambe gauche et mettez le pied sur le plancher devant vous ; allongez la jambe droite sur le côté, sous la jambe gauche. Gardez les hanches et les épaules bien droites vers l'avant. Posez la main gauche sur le dessus du ballon pour vous soutenir.

3 **c** Levez la jambe droite à quelques centimètres du plancher.

4 Abaissez ensuite lentement la jambe jusqu'à votre position de départ.

5 Répétez le mouvement 10 à 15 fois, à un rythme assez rapide.

CONSEILS

- N'essayez pas de lever la jambe trop haut, une faible élévation suffit.
- Contractez les muscles de l'intérieur de la cuisse en soulevant la jambe.
- Si vous ressentez la moindre tension dans le cou, pliez le bras du dessous et posez la tête sur votre main.

BATTEMENTS DES JAMBES

 DANS QUEL BUT ? Renforcer et tonifier les muscles de l'arrière des jambes et des fesses. Cet exercice s'enchaîne bien aux deux exercices précédents, si vous désirez une petite routine pour la zone des fesses !

1   Commencez sur les mains et les genoux, à plat ventre sur le ballon. Poussez ensuite votre poids vers l'avant afin de pouvoir poser les avant-bras sur le plancher, joindre les doigts et poser la tête sur vos mains. Allongez les jambes derrière vous afin que la pointe des pieds touche le plancher, puis tournez les jambes, vos genoux et pieds pointant vers l'extérieur à un angle de 45° **a**.

2   **b** Soulevez les jambes du plancher derrière vous jusqu'à ce que vos pieds soient un peu plus hauts que vos hanches et gardez la position.

3   **c** Battez ensuite des talons l'un contre l'autre en un mouvement court, en contractant les fesses tout au long de l'exercice.

4   Battez 30 à 50 fois, puis détendez-vous.

CONSEILS

- Gardez les jambes plus hautes que vos hanches en frappant les talons l'un contre l'autre.

- Si vous ressentez la moindre pression au bas du dos, déplacez votre poids un peu plus vers l'avant, sur les bras.

- Respirez régulièrement tout au long de l'exercice, ne retenez pas votre souffle !

CONTRACTION DES MUSCLES ADDUCTEURS

? DANS QUEL BUT ? Raffermir et tonifier les muscles de l'intérieur de la cuisse.

1 Commencez couché sur le dos, les genoux pliés, les pieds à plat sur le plancher, les bras relaxés de chaque côté du corps et le ballon entre les genoux.

2 Serrez le ballon aussi fort que possible durant quelques secondes, puis faites une pause de quelques secondes.

3 Répétez les contractions 25 à 30 fois.

HAUSSER LE NIVEAU

1 Commencez couché sur le dos mais, cette fois, placez le ballon entre vos chevilles et allongez les jambes en l'air afin que les chevilles soient alignées directement au-dessus de vos hanches. Gardez les bras relaxés de chaque côté du corps.

2 Répétez les étapes 2 et 3 comme précédemment.

CONSEILS

- Imaginez que vous tentez de faire éclater votre ballon en le comprimant !

- Gardez les muscles profonds contractés pour éviter d'arquer le dos en serrant le ballon.

- Essayez de respirer régulièrement tout au long de l'exercice ; ne retenez pas votre souffle.

- Si vous tentez un plus haut niveau de difficulté, assurez-vous que vos chevilles restent alignées sur les hanches. Évitez qu'elles ne s'abaissent avec la fatigue, car cela exercera une pression sur le bas du dos.

MUSCLES ISCHIO-JAMBIERS : LE PONT

? **DANS QUEL BUT ?** Tonifier et renforcer l'arrière des jambes et les fesses. Cet exercice exige un peu de pratique ; ne vous en faites pas si vous le trouvez difficile au début !

1 **a** Commencez couché sur le plancher, les bras le long du corps. Posez les pieds sur le ballon, puis marchez dessus pour l'éloigner jusqu'à ce que vos jambes soient droites.

2 **b** Soulevez les hanches du plancher en initiant le mouvement au bas de la colonne vertébrale jusqu'à ce que votre corps forme une diagonale rectiligne des pieds aux épaules.

3 **c** Pliez ensuite les genoux, en roulant les talons vers les fesses. Gardez la diagonale rectiligne entre les genoux et les fesses en soulevant les hanches plus haut tandis que vous roulez le ballon vers vous.

4 Roulez ensuite lentement le ballon vers votre position de départ. Répétez 10 à 12 fois.

1 Répétez les étapes 1 et 2, comme précédemment.
2 **d** Levez la jambe droite à quelques centimètres du ballon.
3 **e** Roulez le ballon vers l'intérieur et l'extérieur comme précédemment, avec la jambe gauche seulement, tout en gardant la jambe droite allongée.

CONSEILS

- Quand vous roulez le ballon vers l'intérieur, utilisez les talons pour pousser dans le ballon.

- Garder les pieds écartés à la largeur des hanches sur le ballon vous offrira un support plus large et permettra de garder l'équilibre un peu plus facilement.

- Assurez-vous d'être à l'aise dans la version à deux jambes avant de passer au pont sur une jambe.

- Coordonnez votre respiration. Inspirez en roulant les jambes vers l'intérieur et expirez en les allongeant vers l'extérieur.

d

e

EXERCICES POUR L'ABDOMEN

ENROULEMENTS DU TRONC

? **DANS QUEL BUT ?** Renforcer et tonifier les muscles abdominaux. Il s'agit de l'enroulement traditionnel sur une surface instable, excellent pour le petit bedon de bière… ou pour redéfinir les abdominaux !

1 **a** Commencez assis sur le ballon, les pieds écartés à la largeur des hanches, les genoux alignés sur les chevilles et les mains posées légèrement sur le ballon.

2 **b** Marchez lentement vers l'avant, en vous couchant dans le ballon pendant qu'il remonte votre colonne vertébrale. Arrêtez quand le ballon se trouve sous le bas du dos, en vous assurant que vos genoux sont toujours alignés sur vos chevilles. Les épaules devraient être plus élevées que les genoux, en position inclinée à 45° environ.

3 **c** Croisez les mains sur la poitrine. Contractez vos muscles profonds.

4 **d** Enroulez le haut du corps, en tirant la cage thoracique vers les hanches. Quand vous avez atteint un point d'enroulement à la limite de votre zone de confort, refaites lentement le mouvement contrôlé en sens inverse pour revenir à votre position de départ.

5 Répétez l'enroulement 12 à 15 fois.

HAUSSER LE NIVEAU

1. Répétez les étapes 1 et 2, comme précédemment.
2. Cette fois, faites les enroulements avec vos mains touchant légèrement les tempes **e** ou, si vous cherchez une version encore plus difficile, en étendant les bras au-dessus de la tête **f**.

Niveau avancé

1. Répétez les étapes 1 et 2, comme précédemment.
2. Une fois en position inclinée, faites deux pas vers le ballon afin qu'une plus longue section de votre corps excède à l'arrière du ballon. Cette position est dite du dessus de table ; hanches, genoux et épaules devraient être au même niveau, vous donnant l'allure d'un plateau de table. Choisissez la position des mains dans les options du niveau précédent **g**.
3. Faites 12 à 15 enroulements dans cette position.

CONSEILS

- Pour vous assurer de garder le contrôle du mouvement, essayez de compter 3 secondes quand vous soulevez et 3 secondes quand vous abaissez.

- Si vos mains sont placées sur les tempes, empêchez-vous de tirer sur la tête en soulevant.

- Assurez-vous que le torse s'enroule, plutôt que ce ne soit le ballon qui roule. Celui-ci devrait demeurer tout à fait immobile tout au long de l'exercice.

- Quand vous êtes dans la phase de descente, n'allez pas trop bas pour éviter que la colonne vertébrale ne soit trop arquée.

- Essayez de coordonner votre respiration avec le mouvement. Expirez en soulevant et inspirez en abaissant.

ENROULEMENTS ET TORSIONS EN APPUI SUR LE MUR

? **DANS QUEL BUT ?** Renforcer et tonifier les muscles abdominaux et obliques. Vous pouvez aussi faire les enroulements du tronc (page 72) dans cette position.

1 **a** Commencez assis sur le ballon à tout juste un peu plus d'une longueur de jambe d'un mur dégagé. Écartez les pieds à la largeur des hanches et alignés les genoux directement au-dessus des chevilles. Placez les mains légèrement sur le ballon.

2 **b** Faites marcher lentement les pieds vers l'avant, en vous couchant sur le dos sur le ballon tandis qu'il remonte votre colonne vertébrale. Placez les pieds sur le mur devant vous, au moins à la largeur des hanches, les tibias parallèles au plancher. Placez les mains soit sur les tempes, soit croisées sur la poitrine, tel que décrit dans l'exercice précédent.

3 **c** Enroulez le haut de votre corps aussi loin que possible, tout en étant confortable. En maintenant l'enroulement, faites une torsion du corps pour regarder vers la gauche **d**. Revenez ensuite au centre **e** et abaissez le dos **f**. Ne vous inclinez pas vers l'arrière plus bas que la position neutre de votre colonne vertébrale et veillez à ne pas créer la moindre tension dans le cou.

4 Répétez 12 à 15 fois, en alternant de côté.

☰ HAUSSER LE NIVEAU

1 Répétez les étapes 1 et 2, comme précédemment.
2 Cette fois, vous exécuterez des cercles avec le haut du corps.
3 Redressez-vous au centre pour commencer. Faites un cercle en partant de la droite. Bouclez le cercle vers le bas au centre. Continuez ensuite le cercle vers la gauche. Redressez-vous au centre pour terminer.
4 Répétez les cercles 6 à 8 fois en alternant de côté.

ENROULEMENTS RENVERSÉS AVEC CISEAUX

? DANS QUEL BUT ? Tonifier et renforcer les mucles du bas de l'abdomen. Excellent pour ce petit ventre que nous, les femmes, avons tant de difficulté à éliminer.

1 **a** Commencez allongé sur le sol, le ballon coincé entre vos jambes en position ciseaux, la jambe droite devant le ballon, la jambe gauche derrière. Les bras sont relaxés de chaque côté du corps.

1 **b** Pliez les genoux vers les épaules, en soulevant les fesses de quelques centimètres du sol.

3 Revenez lentement à la position de départ.

4 Répétez les enroulements10 à 15 fois, puis changez de côté.

CONSEILS

- Assurez-vous que le mouvement provient des muscles abdominaux et non d'une poussée des mains sur le sol. Si vous ne pouvez vous empêcher d'utiliser les mains, croisez-les délicatement sur votre poitrine pour éliminer toute tentation !

- Ce mouvement est plus une contraction qu'un lever et il devrait être lent et contrôlé. Si vous laissez les jambes commencer à osciller, l'élan prendra le dessus et les abdominaux travailleront beaucoup moins.

- Coordonnez votre respiration avec le mouvement. Expirez quand vous soulevez et inspirez en redescendant.

ENROULEMENTS SUR LE CÔTÉ EN APPUI SUR LE BALLON

? DANS QUEL BUT ? Tonifier et renforcer les muscles obliques, affinant et définissant vraiment la taille.

1 **ⓐ** Commencez à genoux, le ballon à votre droite.

2 **ⓑ** Placez la main gauche sur le ballon pour l'empêcher de bouger, puis étendez le bras droit sur le ballon jusqu'à ce que vous soyez plié sur le côté. Vérifiez que vos hanches et vos épaules sont bien droites vers l'avant.

3 **ⓒ** Allongez la jambe du dessus sur le côté, en poussant du pied sur le sol pour vous stabiliser. Placez la main droite

sur votre tempe et gardez la main gauche légèrement appuyée sur le dessus du ballon.

4 **ⓓ** Détachez ensuite lentement le haut de votre corps du ballon, puis redescendez lentement à la position de départ.

5 Répétez 12 à 15 fois, puis changez de côté.

1   Répétez les étapes 1 et 2, comme précédemment.
2   Cette fois, allongez la jambe du dessus sur le côté comme précédemment, puis placez vos doigts sur les tempes  ou, pour augmenter le niveau de difficulté, étendez vos bras au-dessus de la tête .
3   Répétez les étapes 4 et 5 comme précédemment.

Niveau avancé

1   Répétez les étapes 1 et 2, comme précédemment.
2   Cette fois, pliez la jambe supérieure et placez le pied sur le sol devant la hanche. Allongez ensuite la jambe du dessous .
3   Choisissez une des positions des bras décrites dans les niveaux précédents.
4   Répétez les exercices dans cette position, comme précédemment.
5   Si vous voulez pousser plus loin la position des jambes, essayez la position en ciseaux. Allongez la jambe du dessus sur le côté et placez-la un peu devant la ligne du corps. Étendez ensuite la jambe du dessous de la même manière et placez-la derrière la ligne du corps. Dans cette position, il peut être nécessaire de loger la hanche un petit peu plus loin sur le ballon. Placez la main du dessous sur la tempe en gardant la main du dessus sur le ballon comme soutien, ou les deux mains sur les tempes si vous voulez un niveau de difficulté plus élevé .

CONSEILS

- Au début, vous pouvez trouver difficile de garder l'équilibre en position latérale ou d'empêcher vos pieds de glisser. Si cela se produit, faites l'exercice près d'un mur et poussez la jambe de soutien contre le mur pour vous maintenir en position.

- Montez graduellement d'un niveau à l'autre ; en gagnant en confiance, vous pourrez être stable tout au long de l'exercice et rester en équilibre sur le ballon.

- Quand vous vous soulevez avec le corps, assurez-vous de demeurer bien droit vers l'avant. Ne laissez pas vos épaules se tourner vers l'extérieur.

- N'essayez pas de lever trop haut au début. Une fois le corps habitué à l'exercice et renforcé, vous pourrez faire des levers plus hauts.

- Tentez de coordonner respiration et mouvement. Expirez en soulevant et inspirez en abaissant.

DOUBLES CERCLES AVEC LES JAMBES

? **DANS QUEL BUT ?** Renforcer et tonifier les muscles du bas de l'abdomen.

1 **a** Commencez assis, vos chevilles serrant le ballon. Inclinez-vous vers l'arrière afin de faire reposer votre poids sur les coudes ; fléchissez les genoux vers votre poitrine.

2 **b** Allongez les jambes à un angle de 45°, continuez en traçant un cercle permettant aux jambes de s'élever à la verticale **c**, puis revenez à la position de départ **a**.

3 Tracez 8 à 10 cercles.

4 Ensuite, renversez le mouvement en étendant d'abord les jambes en position verticale **c**. Puis abaissez-les à un angle de 45° **b** et pliez-les de nouveau pour reprendre la position de départ **a**.

CONSEILS

- La contraction des muscles profonds est très importante ici pour empêcher le milieu du dos de s'affaisser et la colonne vertébrale de s'arquer quand les jambes sont étendues à un angle de 45°. Si vous sentez que votre dos commence à s'arquer, levez les jambes plus haut, là où vous pouvez maintenir la stabilité du bas du dos.

- Concentrez-vous vraiment à rentrer les muscles du bas de l'abdomen quand vous allongez les jambes.

a

b

c

ROULEMENTS DU BALLON À GENOUX

? **DANS QUEL BUT?** Renforcer et tonifier les muscles abdominaux et le haut du corps.

1   **a** Commencez à genoux, assis sur les talons. Croisez les doigts et placez les mains sur le ballon, au niveau de votre poitrine.

2   **b** Faites rouler le ballon vers l'avant, en vous soulevant sur les genoux et laissant le ballon rouler le long de vos avant-bras. Continuez jusqu'à ce que votre corps forme une diagonale rectiligne des genoux aux épaules et que vos coudes reposent sur le ballon.

3   Roulez le ballon à la position de départ, en reprenant la position assise sur les talons.

4   Répétez 8 à 10 fois.

CONSEILS

* Ne vous affaissez pas au centre, laissant votre colonne vertébrale s'arquer. C'est en conservant les muscles profonds contractés tout au long de l'exercice que vous supporterez votre colonne vertébrale. Si vous ne pouvez maintenir la colonne vertébrale en position, roulez moins loin jusqu'à ce que vous ayez acquis plus de force au niveau des muscles profonds.

* Le ballon ne devrait être en contact qu'avec les bras tout au long de l'exercice. Assurez-vous que le haut du corps ne s'appuie pas sur le ballon.

* Coordonnez votre respiration et le mouvement. Expirez en roulant vers l'avant et inspirez en revenant en arrière.

PARTICIPATION DE TOUT LE CORPS

LA PLANCHE

? **DANS QUEL BUT ?** Mettre au défi la contraction des muscles profonds et vérifier la stabilité de l'ensemble du corps.

1 Commencez à genoux devant le ballon, les avant-bras sur le ballon, les poings fermés.

2 **b** Inclinez le corps vers l'avant afin que les épaules reposent sur vos poings, puis allongez les jambes à l'arrière tout en poussant sur le plancher avec le bout des pieds.

3 Contractez les muscles profonds et maintenez la colonne vertébrale neutre en gardant la position 20 à 30 secondes, ou aussi longtemps que possible.

CONSEILS

- La contraction des muscles profonds maintient la position neutre de votre colonne vertébrale afin de ne pas vous affaisser au centre, ce qui exercera une pression sur la colonne vertébrale.

- Rappelez-vous de respirer ; ne retenez pas votre souffle.

HAUSSER LE NIVEAU

1 Commencez à genoux devant le ballon, les doigts croisés et les avant-bras sur le ballon, les coudes écartés à la largeur des épaules **c**.

2 Étendez les jambes derrière vous, en poussant du bout des pieds **d**.

3 Répétez l'étape 3 comme précédemment.

SOULÈVEMENTS DU BASSIN

? DANS QUEL BUT ? Faire bouger la colonne vertébrale et pratiquer le renforcement et la stabilité des muscles profonds en intégrant l'ensemble du corps. En fait, cet exercice constitue un fantastique massage de la région de la colonne vertébrale.

1 Commencez couché sur le dos sur le plancher, les bras détendus de chaque côté du corps. Mettez le ballon sous vos jambes afin que vos mollets reposent sur celui-ci.

2 **ⓑ** Éloignez lentement les hanches et la colonne vertébrale du plancher, en soulevant une vertèbre à la fois, jusqu'à ce que le bassin soit soulevé. Votre corps devrait former une diagonale rectiligne des épaules aux pieds.

3 Pour redescendre, agissez sur une vertèbre à la fois jusqu'à ce que vos hanches soient revenues à la position de départ.

4 Répétez les soulèvements 6 à 8 fois.

HAUSSER LE NIVEAU

1 Commencez couché sur le plancher, les bras relaxés de chaque côté du corps. Cette fois, mettez le ballon sous vos jambes afin que vos talons reposent sur le ballon.

2 Répétez les étapes 2 à 4, comme précédemment.

CONSEILS

- Cet exercice devrait être exécuté lentement et avec attention, en étant vraiment conscient que la colonne vertébrale se déroule, une vertèbre à la fois, vers le haut et vers le bas.

- C'est la contraction des muscles profonds qui vous gardera en équilibre sur le ballon tout au long de l'exercice ; assurez-vous donc qu'elle est en place avant de commencer.

- Essayez de garder les bras relaxés sur le plancher près de vous. Il est très tentant de prendre appui sur le plancher pour garder l'équilibre.

- Coordonnez votre respiration avec le mouvement. Expirez quand le bassin se soulève et inspirez quand il s'abaisse.

ÉQUILIBRE À GENOUX

? DANS QUEL BUT ? Voici votre plus grand défi d'équilibre sur le ballon ; vous devrez mobiliser tous les muscles stabilisateurs pour vous garder en équilibre et stable. Il est très possible que vous tombiez, mais il n'y a rien de mieux que la pratique pour s'améliorer !

CONSEILS

- Quand vous vous assoyez sur les talons, assurez-vous que vos genoux sont aussi écartés que possible sur le ballon. Cela vous donnera une base de support plus large, ce qui facilitera un peu le maintien de l'équilibre.

- Fixez un objet immobile tout au long de l'exercice pour aider à garder l'équilibre et la concentration.

- N'outrepassez pas votre zone de confort en faisant l'exercice. Votre équilibre s'améliorera vite si vous travaillez régulièrement avec le ballon. Réessayez cet exercice dans quelques semaines si vous ne vous sentez pas prêt maintenant.

- Assurez-vous que rien autour de vous ne pourrait causer de blessure s'il vous arrivait de tomber du ballon !

1 **a** Commencez sur les mains et les genoux, à plat ventre sur le ballon.

2 **b** Marchez sur les mains en laissant le ballon rouler vers le bas des jambes. Arrêtez quand le ballon se trouve sous les cuisses.

3 **c** Pliez les genoux, en laissant le ballon rouler vers l'avant, puis assoyez-vous sur les talons, les mains toujours au plancher.

4 **d** Faites un petit test ici pour voir si vous pouvez mettre une main sur le ballon, puis l'autre, à tour de rôle.

5 **e** Posez les deux mains sur le ballon. Utilisez-les pour aider à stabiliser le ballon en le poussant et le tirant lorsque nécessaire.

6 **f** Si vous vous sentez en équilibre et que vous pouvez passer à l'étape suivante, essayez ensuite d'ôter tout à fait vos mains du ballon et de vous dresser sur les genoux. Vos bras devraient pointer vers les côtés de la pièce pour vous aider à garder l'équilibre.

7 Restez en équilibre aussi longtemps que possible. Répétez les étapes en sens inverse pour descendre du ballon.

UTILISER DES POIDS À MAIN AVEC LE BALLON

Pour les exercices suivants, vous aurez besoin d'un ensemble de poids à main (petits haltères). Ne vous en faites pas si vous n'en possédez pas, il est très facile et peu coûteux de s'en fabriquer. Voyez ci-dessous comment faire.

Dans la plupart des cas, vous pouvez recréer avec le ballon les exercices pratiqués avec un équipement traditionnel d'haltères et, ce, sans aucun équipement; il y a certainement un exercice alternatif pour chaque partie du corps visée normalement par l'utilisation des haltères ou de l'équipement de musculation. Toutefois, il y a un autre avantage à utiliser le ballon comme support tandis que vous pratiquez des exercices plus traditionnels avec de petits haltères.

Le ballon est évidemment instable, si bien que vous n'agissez pas que sur le groupe de muscles visé par chacun des exercices, mais vous sollicitez aussi tous ces muscles stabilisateurs profonds au centre du corps et dans les jambes pour garder votre équilibre. C'est un peu comme deux ou trois exercices pour le prix d'un… et nous aimons tous une bonne affaire !

FABRIQUER VOS HALTÈRES

O Prenez deux bouteilles d'eau en plastique (les grosses sont préférables, car on peut les alourdir au besoin).

O Remplissez-les de la quantité d'eau désirée. Vous pouvez utiliser une balance de cuisine pour peser vos haltères – je suggère de débuter avec un poids de 0,90 à 1,36 kg (2 à 3 lbs) pour voir comment vous vous en tirerez.

O Ajustez vos poids en augmentant ou diminuant la quantité d'eau. Vous pourriez constater que, pour certains exercices, vous avez besoin d'haltères plus légers que pour d'autres exercices.

O Assurez-vous que, en exécutant chaque exercice, le poids est assez lourd pour éprouver de la fatigue durant les dernières répétitions, mais pas si lourd que vous soyez exténué après quelques mouvements !

OUVERTURE DE LA POITRINE

 DANS QUEL BUT ? Renforcer et tonifier les muscles de la poitrine et de l'arrière des bras. Vous devrez aussi travailler fort pour maintenir votre équilibre sur le ballon tout au long de l'exercice.

1   Commencez assis sur le ballon, en tenant les haltères contre votre torse.

2 Faites marcher vos pieds vers l'avant, laissant le ballon remonter votre colonne vertébrale tout en vous couchant sur le dos sur le ballon. Continuez jusqu'à ce que le ballon se trouve sous vos omoplates et posez-y la tête. Les hanches devraient être de niveau avec les genoux, lesquels sont alignés directement au-dessus des chevilles. Placez les haltères afin qu'ils soient directement au-dessus de vos épaules.

3 Étendez les bras au-dessus de vous en gardant les haltères alignés sur la poitrine. Pliez ensuite les coudes en ramenant les haltères à la position de départ.

4 Répétez le mouvement 10 à 15 fois.

CONSEILS

- Gardez toujours les haltères alignés sur la poitrine.
- Quand les bras sont étendus, soyez attentif à ne pas verrouiller les coudes, ce qui exercerait un surplus de tension sur les articulations.
- Conservez le même rythme pour chacune des répétitions, sans perdre le contrôle.
- Coordonnez votre respiration. Expirez en étendant les bras et inspirez en les repliant.

BATTEMENTS DE BRAS

 DANS QUEL BUT ? Tonifier et renforcer les muscles de la poitrine et des épaules. Voici un autre exercice traditionnel habituellement exécuté sur un banc de musculation au gymnase.

1 **ⓐ** Commencez assis sur le ballon, les haltères tenus contre votre torse.

2 **ⓑ** Faites marcher vos pieds vers l'avant, laissant le ballon remonter votre colonne vertébrale tout en vous couchant sur le dos sur le ballon. Continuez jusqu'à ce que le ballon se trouve sous vos omoplates et posez-y la tête. Les hanches devraient être de niveau avec les genoux, lesquels sont alignés directement au-dessus des chevilles. Tendez les bras afin que les haltères se trouvent au-dessus de votre poitrine, les coudes légèrement détendus.

3 **ⓒ** Ouvrez les bras vers l'extérieur des épaules, tout en abaissant les haltères jusqu'à ce qu'ils soient de niveau avec les épaules.

4 Relevez ensuite les haltères pour revenir à la position de départ.

5 Répétez 10 à 15 fois.

CONSEILS

- Gardez les coudes un peu relaxés afin que le bras conserve une légère courbe tout au long de l'exercice.

- Concentrez-vous sur la contraction des muscles profonds et la position neutre de la colonne vertébrale. Il est facile de laisser le dos trop s'arquer quand on abaisse les bras.

- Vous devriez éprouver un étirement en travers de la poitrine à chaque extension.

- Coordonnez votre respiration. Expirez quand vous abaissez les bras et inspirez quand vous les remontez.

LEVERS AVANT

? DANS QUEL BUT ? Renforcer et tonifier les muscles des épaules. Excellent pour sculpter les bras.

1 **a** Commencez assis sur le ballon, les genoux pliés et les pieds écartés à la largeur des hanches. Tenez les haltères, les bras relaxés de chaque côté du corps.

2 **b** En gardant les bras tendus, mais sans verrouiller les coudes, levez les haltères directement devant vous de niveau avec les épaules.

3 Abaissez ensuite les haltères à la position de départ.

4 Répétez le mouvement 10 à 15 fois.

CONSEILS

- Quand vous levez ou baissez les bras, il ne devrait y avoir aucun mouvement dans le torse. Si vous vous rendez compte que vous commencer à lever les haltères avec le haut du corps, utilisez des poids moins lourds.

- Gardez le mouvement régulier et sous contrôle tout au long de l'exercice.

- Coordonnez votre respiration. Expirez en levant les bras et inspirez en les abaissant.

FLEXION DES BICEPS

? **DANS QUEL BUT ?** Tonifier et renforcer les biceps des bras. Des poids légers donneront une belle forme aux bras.

1 **a** Commencez assis sur le ballon, les genoux pliés et les pieds écartés à la largeur des hanches. Tenez les haltères, les bras relaxés de chaque côté du corps.

2 **b** Commencez avec le bras droit : pliez le coude en amenant le poids vers l'épaule droite.

3 Redescendez ensuite à la position de départ.

4 Répétez avec le bras gauche.

5 Répétez 10 à 15 fois en alternant les côtés.

a

b

CONSEILS

• Essayez d'éviter tout mouvement du torse quand le bras bouge. Donner un élan avec le corps facilitera le mouvement, mais diminuera l'efficacité sur le biceps.

• Gardez le mouvement régulier et sous contrôle tout au long de l'exercice.

• Coordonnez votre respiration. Expirez en levant le bras et inspirez en l'abaissant.

EXTENSIONS DES TRICEPS

? DANS QUEL BUT ? Renforcer et tonifier les muscles à l'arrière des bras. Un excellent exercice pour éliminer le muscle flasque sous le bras !

1 **ⓐ** Commencez sur les mains et les genoux, à plat ventre sur le ballon, un poids placé devant vous sur le sol. Saisissez-le de la main droite et, tout en gardant le bras près du corps, levez le coude vers l'arrière.

2 **ⓑ** Tout en gardant le coude levé, tendez l'avant-bras jusqu'à ce que le bras soit droit.

3 Abaissez le bras, tout en gardant le coude levé.

4 Répétez les extensions 10 à 15 fois, puis recommencez avec l'autre bras.

CONSEILS

• La clé de cet exercice consiste à garder le coude levé tout au long de l'exercice. Il ne devrait y avoir de mouvement que depuis le coude vers le bas ; le bras devrait rester immobile tout au long de l'exercice.

• Assurez-vous que chaque extension est contrôlée et ne devient pas un balancement du bras.

• Essayez de coordonner votre respiration. Expirez en étirant le bras et inspirez en l'abaissant.

SOULÈVEMENTS DE POIDS À PLAT VENTRE

? **DANS QUEL BUT ?** Tonifier et renforcer les muscles du haut du dos.

1 Commencez sur les mains et les genoux, à plat ventre sur le ballon, les haltères sur le plancher devant vous. Poussez légèrement votre poids vers l'avant sur le ballon afin d'être en équilibre des hanches au bout des pieds. Agrippez vos haltères et tendez les bras vers l'avant au-dessus du plancher devant vous.

2 **ⓑ** Pliez les bras, en les gardant près du corps. Levez les coudes derrière vous, en pressant les omoplates tandis que vous levez les coudes.

3 Abaissez lentement les bras à la position de départ.

4 Répétez 10 à 15 fois.

ⓐ

ⓑ

CONSEILS

- Essayez de garder votre corps stable ; évitez tout mouvement ailleurs que dans les bras.

- Levez les coudes aussi loin que possible à chaque répétition, sans bouger le corps.

- Coordonnez votre respiration. Expirez en levant les coudes et inspirez en les baissant.

TORSIONS LATÉRALES

? **DANS QUEL BUT ?** Tonifier et renforcer tant les muscles abdominaux que ceux de la taille.

1   **a** Commencez assis sur le ballon, les genoux pliés et les pieds écartés à la largeur des hanches. Marchez vers l'avant sur le ballon, laissant le ballon remonter votre colonne vertébrale jusqu'à ce qu'il se trouve sous les omoplates. Vos hanches devraient être soulevées de niveau avec les genoux. Saisissez un haltère et tenez-le à deux mains, les bras tendus au-dessus de votre poitrine.

2   En gardant les bras tendus, abaissez l'haltère sur la droite **b** puis, dans un mouvement de balancement, amenez-le tout à fait du côté gauche **c**.

3   Continuez de vous balancer d'un côté à l'autre, en allouant chaque fois une légère torsion du haut du corps.

4   Répétez le mouvement 15 à 20 fois.

CONSEILS
- Utilisez les abdominaux pour amorcer chaque mouvement, plutôt que de balancer seulement les bras.
- Amenez la torsion du corps aussi loin que possible, tout en contrôlant le ballon et restant en équilibre.
- Gardez les bras tendus tout au long du mouvement.
- Demeurez concentré sur vos mains, afin que la tête reste alignée sur le reste de la colonne vertébrale.

SOULÈVEMENTS DES DEUX JAMBES

 DANS QUEL BUT ? Tonifier les muscles de l'arrière des jambes et des fesses. Vous découvrirez aussi que cet exercice sollicite les muscles internes des cuisses si vous serrez bien l'haltère !

1. Commencez sur les mains et les genoux, à plat ventre sur le ballon, un haltère placé à vos pieds sur le sol. Descendez sur vos coudes, croisez les doigts et appuyez la tête sur vos mains. Saisissez ensuite l'haltère en le serrant entre vos chevilles.

2. **b** Levez les jambes du plancher jusqu'à ce qu'elles soient de niveau avec vos fesses.

3. **c** Redescendez à la position de départ, en gardant l'haltère à quelques centimètres du plancher.

4. Répétez 10 à 15 fois.

CONSEILS

- Si vous trouvez difficile de serrer l'haltère entre vos chevilles, enveloppez-le dans une serviette pour le rendre un peu moins glissant !

- Gardez la colonne vertébrale en position neutre au moment où les jambes lèvent ; n'arquez pas le bas du dos.

- Serrez les fesses à chaque répétition, pour les mettre un peu plus à contribution.

- Coordonnez votre respiration. Expirez en levant les jambes et inspirez en les baissant.

CHAPITRE TROIS

AÉROBIQUE AVEC LE BALLON

QU'EST-CE QUE L'EXERCICE AÉROBIQUE ?

On définit l'aérobique comme « oxygénant ». On l'appelle parfois le cardiovasculaire, ou « cardio » en abrégé. L'exercice aérobique est du type qui fait transpirer, accélère le rythme respiratoire et le rythme cardiaque. Il se résume à toute activité rythmique soutenue qui utilise les grands groupes de muscles, ce qui signifie que le besoin d'oxygène de l'organisme est accru.

Il peut se présenter sous forme de course, marche rapide, cyclisme, natation, simulateur d'escalier ou autre équipement cardio présent dans le gym, ou sous forme de cours aérobique où quelqu'un chorégraphie une routine, dans ce cas-ci avec un gros ballon en caoutchouc !

L'aérobique est un exercice pour le cœur et les poumons tout autant que pour les muscles. Si vous êtes en forme aérobique, vous graviez cette colline abrupte lors d'une balade d'après-midi, sans chercher à retrouver votre souffle une fois au sommet, et, peut-être, arriverez-vous à suivre vos enfants qui courent dans le parc.

Assez souvent les gens sont venus à l'exercice aérobique via un programme de perte de poids, soit à l'intérieur d'un cours au centre local ou soit avec un simulateur de course au gym. Dans le marché de la perte de poids, ce type d'exercice occupe une place très importante en parallèle avec un régime alimentaire sain à cause de la grande quantité de calories qu'il brûle.

L'exercice aérobique recèle aussi quantité d'autres avantages moins bien connus pour la santé mentale et physique. Il peut augmenter la taille et la force de votre cœur, réduisant la fréquence cardiaque au repos et le risque de maladie cardiaque ; il peut augmenter l'efficacité de vos poumons ; il est bénéfique pour améliorer la tolérance au glucose et diminuer la résistance à l'insuline, ce qui est évidemment très avantageux pour traiter et prévenir le diabète. Sur le plan psychologique, il peut réduire les niveaux de stress, aider à traiter et prévenir

la dépression en augmentant l'interaction sociale, hausser le « sentiment de bien-être » par la libération d'endorphines et, en général, il aide les gens à se sentir mieux face à eux-mêmes et à leur apparence.

AÉROBIQUE AVEC LE BALLON

Personnellement, je pense que c'est à ce niveau que le ballon prend tout son sens, car il ajoute beaucoup d'intérêt et de plaisir à une séance d'entraînement de style aérobique, tout en offrant des défis supplémentaires impossibles sans le ballon. Je n'ai rencontré personne encore qui puisse traverser mes cours d'exercices aérobiques avec le ballon sans éclater d'un rire hystérique à un moment ou un autre ; par conséquent, il est évident que, si les gens ont du plaisir, ils ont plus de chance d'être motivés et, plus important encore, de revenir. Tout en ajoutant un peu de neuf à votre séance d'entraînement, le ballon agit aussi comme un poids que vous transportez, lancez et attrapez, poussez, autour duquel vous tournez et que vous faites rebondir. Tout cela introduit un défi supplémentaire aux exercices aérobiques et accroît leurs bénéfices.

POUR COMMENCER

Pour une bonne condition cardiovasculaire, il est généralement recommandé de faire de l'exercice 3 à 5 fois par semaine, pendant 30 à 60 minutes selon le niveau de votre condition physique au départ. Si vous commencez des exercices pour

AVANTAGES DE L'EXERCICE AÉROBIQUE EN UN COUP D'ŒIL

- ○ Accroît l'efficacité du cœur et des poumons.
- ○ Brûle une grande quantité de calories (30 minutes d'aérobique à intensité moyenne avec le ballon peuvent brûler 300 calories environ) ; il est donc excellent comme volet d'un programme de perte de poids.
- ○ Augmente les niveaux d'énergie.
- ○ Réduit le stress et améliore la santé mentale à cause de la libération d'endorphines.
- ○ Réduit la tension artérielle.
- ○ Réduit la fréquence cardiaque au repos.
- ○ Réduit le risque de congestion cérébrale.
- ○ Réduit le risque de crise cardiaque.
- ○ Tonifie et raffermit tout le corps.
- ○ L'exercice avec des poids aide à maintenir la densité osseuse, réduisant le risque de la maladie dégénérative, l'ostéoporose, plus tard dans la vie.
- ○ Vous fait vous sentir bien !

la première fois, écoutez votre corps et prenez quelques semaines ou mois pour y arriver graduellement. Après environ 20 minutes d'activité aérobique, l'énergie, que votre corps puisait dans les glucides, est puisée désormais dans les gras stockés dans votre organisme ; si la perte de poids est le but visé, développer de l'endurance est de première importance. Certaines séances peuvent être une marche rapide en ville ou une séance de travail domestique vigoureuse au son de votre musique préférée ; elles n'ont pas besoin d'être toujours une activité structurée. Ce qui importe, c'est de vous assurer que votre cœur et vos poumons travaillent suffisamment fort et longtemps pour profiter des bienfaits de l'exercice aérobique, mais pas trop longtemps afin de ne pas risquer de blessure. Pour vérifier que vous travaillez à la bonne intensité, faites le test de la parole (voir la page 24) ; vous devriez être à bout de souffle, mais toujours capable de parler.

Les exercices aérobiques avec le ballon qui suivent peuvent être faits de deux façons. Vous pouvez en choisir quelques-uns

et les faire individuellement en les enchaînant au rythme de 30 à 60 secondes chacun, en utilisant un chronomètre ; vous pouvez aussi les réunir en une routine chorégraphiée. Je suggère une routine à la fin du chapitre pour que vous en fassiez l'essai, mais vous pourriez aussi avoir beaucoup de plaisir à élaborer votre propre routine.

Pour chacune des options, vous devez choisir une pièce musicale qui vous permettra de travailler à un bon rythme rapide.

Avant de commencer, assurez-vous de vous échauffer en utilisant certains exercices du Chapitre 1 (pages 28 à 47) ou certains exercices moins exigeants du présent chapitre à un rythme tranquille, dont vous augmenterez peu à peu l'intensité à mesure que le corps se réchauffera.

REBONDS ASSIS

1 Commencez assis sur le ballon, les pieds écartés à la largeur des hanches et les bras relaxés de chaque côté du corps.

2 b Amorcez un mouvement de rebond, en balançant les bras à la hauteur des épaules et en les redescendant au rythme des rebonds.

HAUSSER LE NIVEAU

1 Amorcez le mouvement de rebond comme précédemment mais, cette fois, balancez les bras plus haut et claquez des mains quand elles se trouvent au-dessus de la tête.

CONSEILS

• Essayez de trouver un rythme qui s'accorde à vos bras et à vos rebonds.

• Augmentez peu à peu l'intensité des rebonds, chaque fois en soulevant légèrement les fesses du ballon.

TOUCHER DU PIED

1    **ⓐ** Commencez assis sur le ballon, les pieds écartés à la largeur des hanches et les mains en appui léger derrière vous sur le ballon.

2   **ⓑ** Déplacez le pied droit de côté, mettez votre poids sur ce pied et tapez légèrement devant vous avec le pied gauche **ⓒ**.

3   Répétez de l'autre côté, en amorçant un mouvement de rebond pour passer d'un côté à l'autre.

CONSEILS

- Utilisez les mains pour vous contrôler et vous stabiliser sur le ballon.
- Démarrez le mouvement en douceur et augmentez sa vigueur à mesure que vous serez plus sûr de vous.
- Maintenez la contraction abdominale en place pour soutenir la colonne vertébrale quand vous bougez d'un côté à l'autre.

ⓐ

ⓑ

ⓒ

MOUVEMENT ASSIS-DEBOUT

1 **ⓐ** Commencez assis sur le ballon, les pieds écartés à la largeur des hanches et les mains en appui léger sur le ballon derrière vous.

2 **ⓑ** Mettez le pied droit sur le côté en y transférant le poids du corps. Tapez légèrement du pied gauche devant vous tout en vous levant, tendant le bras gauche vers le plafond et gardant la main droite sur le ballon **ⓒ**.

3 Répétez de l'autre côté, en rebondissant quand vous passez d'un côté à l'autre.

CONSEILS

- Gardez la main sur le ballon quand vous vous levez pour l'empêcher de s'éloigner en roulant.

- La jambe porteuse doit demeurer un peu pliée quand vous vous mettez debout, pour vous permettre de garder le contact avec le ballon.

- Gardez les muscles profonds contractés et assurez-vous que la colonne vertébrale demeure neutre en position debout.

BERCEMENTS LATÉRAUX

1 Commencez assis sur le ballon, les pieds largement écartés, les genoux pliés et les jambes tournées afin que pieds et genoux soient orientés vers l'extérieur à un angle de 45°. Poussez les hanches vers l'avant afin que votre poids soit tout à l'avant du ballon.

2 Pliez le genou droit, en vous assurant que le genou reste au-dessus de la ligne du pied, jusqu'à ce que votre poids soit sur la jambe droite.

3 Poussez sur le plancher en activant le muscle de la cuisse droite tout en vous déportant tout à fait de l'autre côté. Maintenant, vous devriez avoir le genou gauche plié et la jambe droite tendue.

4 Continuez de vous déporter d'un côté à l'autre, en laissant le ballon rouler sous vous.

HAUSSER LE NIVEAU

1 Répétez les étapes 1 et 2 comme précédemment.
2 Levez ensuite les bras afin que le coude droit soit plié, l'avant-bras devant la poitrine. Le bras gauche est tendu sur le côté.
3 Quand vous vous déplacez vers le côté gauche, modifiez la position des bras afin que le bras gauche soit plié et le bras droit, tendu.
4 Répétez l'étape 4 comme précédemment.

CONSEILS

• Gardez votre poids à l'avant du ballon tout au long de l'exercice.

• Assurez-vous que le genou reste au-dessus de la ligne du pied quand il fléchit.

• Si vous voulez rendre l'exercice plus difficile encore, amenez les bras au-dessus de la tête quand vous passez d'un côté à l'autre.

PANTINS

1 Commencez assis sur le ballon, les pieds écartés à la largeur des hanches et les bras relaxés de chaque côté du corps.

2 Amorcez un mouvement de rebond. Au premier rebond, étendez le bras droit et la jambe droite sur le côté . Au deuxième rebond, ramenez-les à la position de départ b.

3 Répétez du côté gauche et continuez ensuite d'un côté à l'autre à un rythme régulier.

HAUSSER LE NIVEAU

1 Répétez l'étape 1 comme précédemment.

2 C Amorcez un mouvement de rebond. Cette fois, à votre premier bond, tendez vos jambes de chaque côté en même temps que vous tendez les bras sur les côtés.

3 d Ensuite, à votre deuxième bond, ramenez vos pieds à la position de départ en même temps que vous ramenez les bras le long du corps, ce qui vous rend prêt pour le prochain bond.

CONSEILS

- Assurez-vous que votre colonne vertébrale reste en position neutre lors des bonds.

- Gardez les genoux au-dessus de la ligne de vos orteils en effectuant les bonds.

- Commencez par des bonds légers, puis augmentez leur vigueur à mesure que vous gagnerez en confiance.

LEVERS DES BRAS EN POSITION DEBOUT

1 **a** Commencez debout, les pieds écartés à la largeur des hanches, en tenant le ballon devant vous avec les bras relaxés vers le bas.

2 **b** Levez vos bras tendus à la hauteur de la poitrine.

3 **c** Après une pause d'une seconde, levez-les afin que le ballon soit au-dessus de votre tête.

4 Baissez ensuite les bras à la hauteur de la poitrine.

5 Revenez à la position de départ.

CONSEILS

• Gardez le torse immobile quand les bras montent et descendent. Il est tentant de déplacer le poids vers l'arrière, mais garder les muscles profonds contractés évitera que cela se produise.

• Gardez les coudes légèrement détendus afin de ne pas verrouiller les articulations.

• Prenez une pause d'une seconde entre chaque étape de lever et de descente. Le mouvement devrait être continu, à un rythme qui suit votre musique.

FENTES AVEC LES BRAS

1   **ⓐ** Commencez les pieds joints, les genoux légèrement pliés, en tenant le ballon devant l'abdomen.

2   **ⓑ** Reculez le pied droit, tout en gardant le genou avant plié et, en même temps, poussant le ballon au-dessus de votre tête.

3   Ramenez le pied droit et le ballon à la position initiale.

4   Répétez sur le côté gauche et continuez, à un rythme régulier, en alternant les côtés.

1   Répétez l'étape 1 comme précédemment.
2   **C** Reculez le pied droit pour une fente comme précédemment, mais cette fois faites rebondir le ballon sur le plancher en même temps.
3   **d** Ramenez le pied en position tout en attrapant le ballon.
4   Répétez l'étape 4 comme précédemment.

CONSEILS

- Quand vous reculez le pied, poussez le talon vers le plancher pour étirer l'arrière de la jambe.

- Gardez les muscles profonds contractés ; cela aidera le contrôle du mouvement et vous permettra d'aller plus vite.

MARCHE AUTOUR DU BALLON

1 Commencez debout, le ballon sur le plancher près du pied droit. Pliez les genoux afin de pouvoir toucher légèrement le ballon de la main droite.

2 **b c** Faites huit pas rapides autour du ballon jusqu'à ce que vous reveniez à la position de départ.

3 Faites demi-tour et marchez en sens inverse, la main gauche sur le ballon.

4 Continuez à changer de direction, en faisant huit pas pour compléter le cercle.

CONSEIL

- Il vaut le coup de mettre de la musique pour cet exercice, car cela donne un rythme à conserver !

BALANCEMENTS LATÉRAUX

1 **(a)** Commencez debout, les pieds plus écartés que la largeur des hanches et les jambes légèrement tournées vers l'extérieur. Tenez le ballon devant vous, les bras relaxés vers le bas.

2 **(b)** Pliez les genoux, puis balancez le ballon jusqu'en haut, du côté droit, tout en transférant votre poids sur la jambe droite, et tapez légèrement sur le plancher avec le pied gauche.

3 Ramenez le ballon vers le bas, en pliant les genoux quand vous passez au centre **(c)**, puis transférez votre poids sur la jambe gauche en levant le ballon jusqu'en haut, du côté gauche **(d)**.

4 Continuez à vous balancer d'un côté à l'autre en un mouvement rythmé.

CONSEILS

- Assurez-vous que vos genoux restent au-dessus de la ligne des pieds quand vous vous pliez et passez au centre.

- Ne pliez pas les genoux à un angle supérieur à 90°.

- Gardez hanches et épaules droites vers l'avant pour éviter la torsion de la colonne vertébrale.

- Pour varier, exécutez les balancements deux fois moins vite et deux fois plus vite.

PAS DE CÔTÉ

1   Commencez debout, les pieds joints, en tenant le ballon à la hauteur de la poitrine, contre votre corps.

2 Ⓑ Du pied droit, faites un pas de côté, tout en poussant le ballon vers l'avant afin que les bras soient tendus maintenant à la hauteur de la poitrine.

3 Ⓒ Du pied gauche, faites un pas de côté afin que vos pieds soient joints de nouveau, tout en ramenant les bras vers la poitrine.

4 Répétez ensuite vers la gauche et continuez ainsi en alternant les côtés.

Ⓐ

Ⓑ

Ⓒ

CONSEILS

- Si vous avez de la difficulté à coordonner bras et jambes, essayez les jambes seules au début, puis introduisez les bras quand vous vous sentirez prêt.

- Pour plus de plaisir, vous pouvez essayez de créer vos propres mouvements de bras !

HAUSSER LE NIVEAU

Ⓓ

1 Répétez l'étape 1 comme précédemment.
2 Du pied droit, faites un pas de côté comme précédemment, mais cette fois poussez le ballon au-dessus de votre tête Ⓓ.
3 Tout en rapprochant le pied gauche, ramenez les bras vers la poitrine.
4 Répétez l'étape 4 comme précédemment.

DOUBLES PAS DE CÔTÉ

1 Commencez debout, les pieds joints, en tenant le ballon au-dessus de la tête.

2 Faites un pas de côté avec le pied droit, tout en baissant les bras et traçant un cercle vers la gauche.

3 Ensuite, rapprochez le pied gauche afin que les pieds soient joints de nouveau et complétez le cercle avec les bras en ramenant le ballon au-dessus de la tête.

4 Répétez de nouveau les étapes 2 et 3 jusqu'à ce que vous ayez complété deux pas vers la droite. Faites ensuite deux pas de côté vers la gauche, en traçant, cette fois, un cercle descendant vers la droite et remontant vers la gauche.

5 Continuez le double pas de côté, en alternant les côtés.

CONSEILS

- Habituez-vous aux pas de côté avant d'introduire les bras.

- Gardez les genoux légèrement relaxés en faisant les pas d'un côté à l'autre.

- Gardez les hanches et les épaules bien droites vers l'avant quand vous bougez.

HAUSSER LE NIVEAU

1 Répétez les étapes 1 à 3, comme précédemment.

2 À votre deuxième pas de côté, bougez les pieds comme précédemment. Les bras tracent un cercle descendant vers la gauche mais, ensuite, quand ils remontent, lancez et rattrapez le ballon au moment où vous joignez les pieds.

3 Répétez du côté gauche.

MARCHE ET FLEXION DES BRAS AVEC LE BALLON

1   Commencez debout, les pieds joints et le ballon devant la poitrine.

2 **b** Commencez à marcher sur place au rythme droite, gauche, droite, gauche et, ce faisant, poussez le ballon devant vous à la hauteur de la poitrine, puis ramenez-le vers celle-ci, au rythme de votre marche.

3 Continuez de marcher en gardant un rythme régulier ou au rythme de votre musique.

HAUSSER LE NIVEAU

1 Répétez l'étape 1 comme précédemment.
2 **c** Commencez à marcher comme précédemment, mais cette fois poussez les bras au-dessus de la tête et ramenez-les ensuite à la hauteur de la poitrine en synchronisant le mouvement avec vos pas.
3 Répétez l'étape 3 comme précédemment.

CONSEIL

- Si vous trouvez difficile de coordonner les bras et les jambes, habituez-vous d'abord aux uns ou aux autres, puis combinez-les ensuite.

COURSE ET REBONDS

1    Commencez debout, les pieds joints, en tenant le ballon devant vous.

2   En commençant par la jambe droite, faites quatre pas de course vers l'avant et, en même temps, faites rebondir et rattrapez le ballon en synchronisant les mouvements avec vos pas.

3   Faites maintenant quatre pas de course à reculons, toujours en faisant rebondir le ballon.

4   Changez de côté de manière à commencer par la jambe gauche après quelques essais et essayez de faire rebondir le ballon avec l'autre main.

CONSEIL

- Faites rebondir le ballon un peu en retrait du corps afin de ne pas le frapper avec les pieds en courant.

LE PIED DE VIGNE

1 ⓐ Commencez debout, les pieds joints, en tenant le ballon devant vous.

2 ⓑ Faites un pas de côté avec le pied droit.

3 ⓒ Déplacez le pied gauche derrière le pied droit.

4 ⓓ Faites de nouveau un pas de côté avec le pied droit.

5 ⓔ Déplacez maintenant le pied gauche pour le joindre au pied droit.

6 Répétez du côté gauche, puis alternez les côtés.

CONSEIL

- Cet exercice vise la coordination. Par conséquent, assurez-vous de maîtriser les jambes avant d'ajouter les bras.

1   Répétez l'étape 1, comme précédemment.

2   ⓕ En faisant un pas de côté avec le pied droit, entamez un cercle vers la droite avec les bras.

3   ⓖ En plaçant le pied gauche derrière, les bras devraient avoir continué le cercle et se trouver au-dessus de votre tête.

4   ⓗ En faisant de nouveau un pas de côté avec le pied droit, les bras devraient avoir continué le cercle et se trouver à mi-chemin de la descente, du côté gauche.

5   Au moment où le pied gauche complète le mouvement, les bras devraient avoir complété le cercle.

6   Répétez avec la jambe gauche et tracez un cercle avec les bras vers la gauche.

ROTATION EN QUATRE TEMPS

1 **a** Commencez debout, les pieds joints, le ballon tenu à hauteur de la poitrine, les bras tendus.

2 **b** Faites un pas de côté avec le pied droit et faites un quart de tour à droite.

3 **c** Déplacez le pied gauche pour joindre les pieds, tout en faisant un autre quart de tour (vous devriez maintenant être face à l'arrière).

4 **d** Faites de nouveau un pas de côté avec le pied droit et faites un autre quart de tour jusqu'à ce que vous soyez face au côté gauche.

5 **e** Ramenez le pied gauche vers le pied droit une fois encore pour compléter le tour.

6 Répétez le mouvement en débutant avec le pied gauche et en tournant à gauche.

CONSEILS

- Tentez de faire en sorte que les changements de direction deviennent un mouvement fluide.

- Quand le dernier pas complète la rotation, n'y mettez pas tout votre poids, car vous devrez l'utiliser aussitôt pour amorcer la rotation dans la direction opposée.

 HAUSSER LE NIVEAU

1 Répétez l'étape 1 comme précédemment.

2 Répétez tous les mouvements des pieds comme précédemment.

3 En tournant, laissez les bras tracer un cercle au-dessus de la tête ⓕ ; à la fin de chaque cercle, ramenez-les à la hauteur de votre poitrine.

SQUATS AVEC SAUTS

1   Commencez debout, les pieds joints et tournés vers l'extérieur, en tenant le ballon devant vous à la hauteur de la poitrine.

2 ⓑ Sautez en écartant largement les pieds et accroupissez-vous en squat, tout en poussant le ballon devant vous à la hauteur de la poitrine, et tenez la position le temps de compter jusqu'à trois.

3 À quatre, sautez en ramenant les pieds à la position de départ et le ballon devant votre poitrine.

4 Répétez, en sautant avec les jambes au compte de un et en les ramenant à quatre.

HAUSSER LE NIVEAU

1 Répétez l'étape 1 comme précédemment.
2 ⓒ Répétez l'étape 2 comme précédemment, mais cette fois levez les bras afin que le ballon soit au-dessus de votre tête quand vous sautez en position de squat.
3 Répétez les étapes 3 et 4 comme précédemment.

CONSEILS

- Quand vous sautez en squat, assurez-vous que les genoux restent alignés avec les chevilles et que l'angle formé par les genoux n'est pas inférieur à 90°.
- Gardez les jambes tournées vers l'extérieur tout au long de l'exercice.

ENROULEMENTS DES ISCHIO-JAMBIERS

1 **a** Commencez debout, les genoux fléchis, les pieds plus écartés que la largeur des hanches, en tenant le ballon devant la poitrine.

2 **b** Déplacez votre poids sur le pied gauche, en levant le pied droit du sol et en pliant le genou afin que le talon du pied droit essaie de toucher les fesses tandis que vous restez en équilibre sur le pied gauche.

3 **c** Remettez le pied droit sur le sol en pliant de nouveau les deux genoux.

4 **d** Déplacez votre poids sur la jambe droite, en levant le pied gauche du sol et en essayant de toucher vos fesses.

5 Continuez le mouvement à un rythme régulier en alternant de pied.

 **HAUSSER LE NIVEAU**

1 Répétez l'exercice comme précédemment mais, à cette occasion, à chaque fois que vous pliez les deux genoux et passez au centre, faites rebondir le ballon et rattrapez-le en vous déplaçant sur une jambe **e**.

CONSEIL

- Quand vous poussez sur une jambe, gardez le genou légèrement relaxé pour ne pas exercer une tension sur l'articulation du genou.

SAUTS DE SALSA

1   **ⓐ** Commencez debout, les pieds écartés à la largeur des hanches, en tenant le ballon devant vous, les bras relaxés vers le bas.

2   **ⓑ** Fléchissez les genoux, puis sautez vers la droite, en courbant la jambe gauche derrière vous, tout en pliant légèrement le genou droit et en gardant la jambe vers l'avant pour atterrir sur le pied droit. Tout en sautant, tracez un cercle avec le ballon par la droite, passez au-dessus de la tête et redescendez à gauche pour revenir à la position de départ.

3   Placez le pied gauche en position de départ, prêt à sauter de nouveau.

4   Répétez les sauts, en alternant les côtés.

CONSEIL

- Tout en sautant, essayez de vous déplacer sur le côté, en direction de la jambe à l'avant pour créer vraiment l'effet d'une salsa !

ⓐ

ⓑ

À CLOCHE-PIED AVEC REBOND DU BALLON

1   **a** Commencez debout, les pieds écartés à la largeur des hanches, en tenant le ballon devant vous, les bras relaxés vers le bas.

2   Levez le pied droit derrière vous **b**. Sautez sur le pied droit et levez le pied gauche derrière **c**. Posez le pied gauche sur le plancher, prêt à recommencer.

3   **d** Une fois habitué au saut, faites rebondir le ballon sur le plancher devant vous au premier lever de jambe et rattrapez-le au deuxième.

4   Faites quelques sauts en commençant avec la jambe gauche, puis changez de côté.

CONSEILS

- Imaginez que vous chassez la poussière derrière vous en balayant avec les pieds.

- Faites les sauts de façon rythmée ; utiliser la musique aidera ici encore.

LEVERS DU GENOU EN SAUTANT

1 Commencez debout, les pieds écartés à la largeur des hanches, en tenant le ballon devant vous, les bras relaxés vers le bas.

2 **a** Sautez sur chaque pied en même temps que vous soulevez le ballon au-dessus de votre tête. Sautez de nouveau, cette fois en atterrissant sur le pied gauche et en amenant le genou droit vers la poitrine tout en redescendant les bras **b**.

3 Sautez de nouveau sur chaque pied en soulevant le ballon mais, cette fois au deuxième saut, atterrissez sur le pied droit et levez le genou gauche.

4 Continuez de sauter à un rythme régulier en alternant les jambes.

LA PLANCHE EN MARCHANT

1 **a** Commencez debout, les mains sur le ballon et les genoux légèrement fléchis.

2 Étendez la jambe droite vers l'extérieur **b**, puis la jambe gauche afin d'être en position de pompe **c**.

3 Ramenez ensuite la jambe droite vers l'intérieur **d**, puis la jambe gauche **e**.

4 Soulevez le ballon, puis redressez-vous, les bras tendus au-dessus de la tête **f**.

5 Remettez ensuite le ballon sur le sol, en reprenant la position de départ.

6 Répétez tout l'exercice, en gardant un rythme régulier.

CONSEILS

- Cet exercice devrait être fait à un rythme de marche. Dites-vous droite, gauche, droite, gauche quand les jambes marchent vers l'intérieur et vers l'extérieur pour vous assurer de garder le rythme.

- Quand vous êtes en position de pompe, assurez-vous de garder les muscles profonds contractés pour maintenir la colonne vertébrale neutre et éviter qu'elle ne s'affaisse au centre.

ROUTINE COMPLÈTE

L'heure est maintenant venue de choisir votre disque le plus dynamique, de le faire jouer et de vous laisser aller à enchaîner certains des exercices qui précèdent en une routine. Cela exigera quelques répétitions pour tous vous les rappeler, mais une fois que vous les aurez appris, vous pourrez les répéter autant de fois que vous le désirez.

La routine comprend une séance assise et une séance d'entraînement, où vous répétez certaines parties quelques fois avant de passer à la suivante. Elle se termine avec la routine finale au complet qui peut être répétée autant de fois que vous le voulez.

Je vous suggère aussi d'ajouter certaines chorégraphies de votre cru à la fin, une fois que vous aurez maîtrisé la routine. Cela peut se faire soit en jouant avec les exercices présentés dans le chapitre, soit en inventant de nouveaux exercices !

 Rebonds assis (page 98) x16

 Toucher du pied (page 99) x8

 Rebonds assis (page 98) x8

 Toucher du pied (page 99) x8

 Rebonds assis (page 98) x8

 Pantins (page 102) x8

 Rebonds assis (page 98) x8

 Pantins (page 102) x8 – finissez votre dernier pantin les jambes largement écartées

 Bercements latéraux (page 101) x16

 Toucher du pied (page 99) x16 – finissez les pieds écartés à la largeur des hanches

 Mouvement assis-debout (page 100) x16 – finissez en position debout

 Marche autour du ballon (à droite)(page 106) x8 – saisissez le ballon au compte de huit

 Fentes avec les bras (page 104) x8

 Marche autour du ballon (à gauche) (page 106) x8 – saisissez le ballon au compte de huit

 Fentes avec les bras (page 104) x8

Marche autour du ballon (à droite) (page 106) x8 – saisissez le ballon au compte de huit

 Fentes avec les bras (page 104) x8

 Marche autour du ballon (à gauche) (page 106) x8 – saisissez le ballon au compte de huit

 Fentes avec les bras (page 104) x8

 Levers des bras en position debout (page 103) x8

 Balancements latéraux (page 107) x16

 Levers des bras en position debout (page 103) x8

 Balancements latéraux (page 107) x16

 Marche et flexions des bras avec le ballon (page 110) x16

 Course et rebonds (page 111) x2

 Marche et flexion des bras avec le ballon (page 110) x16

 Course et rebonds (page 111) x2

 Pas de côté (page 108) x8

 Doubles pas de côté (page 109) x4

 Pas de côté (page 108) x8

 Doubles pas de côté (page 109) x4

 Pas de côté (page 108) x8

 Doubles pas de côté (page 109) x4

 Le pied de vigne (page 112) x4

 La planche en marchant (page 121) x2

  Pas de côté (page 108) x8

 Doubles pas de côté (page 109) x4

 Le pied de vigne (page 112) x4

 La planche en marchant (page 121) x2

 Pas de côté (page 108) x4

 Rotation en quatre temps (page 114), 1 x droite 1 x gauche

 Enroulements des ischio-jambiers (page 117) x8

 Pas de côté (page 108) x4

 Rotation en quatre temps (page 114), 1 x droite 1 x gauche

 Enroulements des ischio-jambiers (page 117) x8

Pas de côté (page 108) x8

 Rotation en quatre temps (page 114), 1 x droite 1 x gauche

 Enroulements des ischio-jambiers (page 117) x8

 Pas de côté (page 108) x8

 Rotation en quatre temps (page 114), 1 x droite 1 x gauche

 Enroulements des ischio-jambiers (page 117) x8

 Doubles pas de côté (page 109) x2

 Squats avec sauts (page 116) x2

 Sauts de salsa (page 118) x4

 Doubles pas de côté (page 109) x2

 Squats avec sauts (page 116) x2

 Sauts de salsa (page 118) x4

 Doubles pas de côté (page 109) x2

 Squats avec sauts (page 116) x2

 Sauts de salsa (page 118) x4

 Doubles pas de côté (page 109) x2

 Squats avec sauts (page 116) x2

  Sauts de salsa (page 118) x4

  Le pied de vigne (page 112) x2

 Levers du genou en sautant (page 120) x4

 Le pied de vigne (page 112) x2

 À cloche-pied avec rebond du ballon (page 119) x4

 Le pied de vigne (page 112) x2

 Levers du genou en sautant (page 120) x4

 Le pied de vigne (page 112) x2

À cloche-pied avec rebond du ballon (page 119) x4

Pas de côté (page 108) x8

 Doubles pas de côté (page 109) x4

 Le pied de vigne (page 112) x4

 La planche en marchant (page 121) x2

 Pas de côté (page 108) x4

 Rotation en quatre temps (page 114), 1 x droite 1 x gauche

 Enroulements des ischio-jambiers (page 117) x8

 Doubles pas de côté (page 109) x2

 Squats avec sauts (page 116) x2

 Sauts de salsa (page 118) x4

 Le pied de vigne (page 112) x2

 Levers du genou en sautant (page 120) x4

 Le pied de vigne (page 112) x2

 À cloche-pied avec rebond du ballon (page 119) x4

CHAPITRE QUATRE

PILATES AVEC LE BALLON

QU'EST-CE QUE LE PILATES ?

La méthode Pilates est un programme complet et approfondi de conditionnement mental et physique. Elle présente une façon différente de voir le corps et, par la pratique des mouvements, vous acquerrez une meilleure compréhension de vos forces et faiblesses personnelles.

Ce qui rend la méthode Pilates si séduisante, c'est qu'elle est polyvalente et s'adresse aux gens de tous âges et de toutes aptitudes. Les programmes peuvent être conçus pour des gens récupérant de blessures ou être extrêmement motivants pour des athlètes aguerris. Toutefois, son accessibilité implique que le type de personnes attiré par cette méthode ne s'inscrirait pas habituellement à un gym ou à un cours de conditionnement physique.

PILATES AVEC LE BALLON

Il n'est ni forcé, ni contre-nature d'adapter le Pilates au ballon exerciseur. Ils sont tous deux liés à la physiothérapie et tous deux se préoccupent essentiellement de l'alignement du corps et de l'entraînement des muscles posturaux profonds.

La méthode Pilates inclut des routines sur tapis et aux appareils, bien que la plupart des gens ayant pratiqué le Pilates l'aient probablement fait à l'intérieur de cours sur matelas. Le Pilates aux appareils, dit aussi *reformer*, est moins bien connu et utilise un équipement très spécialisé, présent seulement dans les studios consacrés au Pilates ou à la danse.

Ce qui est fantastique lorsqu'on combine le Pilates avec le ballon, c'est qu'on peut recréer facilement certains exercices *reformer* du Pilates sur la surface arrondie du ballon, tout en ajoutant une dimension supplémentaire aux exercices sur tapis. Le Pilates sur le ballon favorisera une silhouette longue et svelte en étirant sans cesse le corps pour qu'il reste équilibré et posé.

Comme le ballon, la méthode Pilates est particulière en ce sens qu'elle entraînera systématiquement tous les groupes de muscles du corps. Elle entraînera les muscles faibles tout autant que les forts, tout autant les petits muscles que les gros. Songez aux heures que vous ou l'une de vos connaissances avez passé au gym à vous entraîner rigoureusement sans vous blesser et, une fois à la maison, nous levons quelque chose de relativement léger et vous vous infligez une élongation. C'est que les exercices traditionnels ne préparent pas le corps au type de gestes requis par le «mouvement fonctionnel» (voir la page 8). Nous préparons plutôt notre corps comme des parties distinctes, un muscle à la fois, mais nous ne l'entraînons pas à fonctionner en synergie.

La méthode Pilates et le ballon entraînent le corps aux «mouvements fonctionnels» plutôt qu'à des mouvements que nous n'utiliserons jamais au quotidien. La conscience de soi permet d'identifier les mauvaises habitudes, de maintenir le corps en santé et de créer une aisance naturelle.

QUI ÉTAIT JOSEPH PILATES

Joseph Pilates est né en 1883, à Mönchengladbach, en Allemagne. Enfant maladif, il souffrait de plusieurs maladies débilitantes comme le rachitisme, l'asthme et le rhumatisme articulaire. Il était déterminé à ne pas laisser son mauvais état de santé assombrir son avenir. Par conséquent, il se consacra à devenir aussi fort et en forme qu'il soit humainement possible.

En 1912, Joseph Pilates déménagea en Angleterre où il travailla d'abord comme boxeur, puis comme artiste de cirque, et comme d'entraîneur en auto-défense pour les détectives. Durant la Première Guerre mondiale, il fut interné dans un camp de prisonniers, mais il y devint infirmier et forma d'autres détenus au conditionnement physique. Selon toute apparence, son entraînement physique des détenus fut largement bénéfique, car aucun d'entre eux ne succomba à la pandémie de grippe qui fit des milliers de victimes en 1918. Il improvisa, fabriquant de l'équipement d'entraînement avec des ressorts de sommier, les fixant aux murs au-dessus des lits afin qu'il fût possible aux patients de faire des exercices tout en étant couchés.

Après la guerre, Pilates poursuivit son travail en Allemagne avant d'émigrer aux États-Unis, en 1926. Sur le bateau à destination de New York, il rencontra sa future épouse, Clara, une infirmière. Joseph Pilates ouvrit un studio d'exercice sur Eighth Avenue et, vers 1940, il s'était fait un nom au sein de la communauté des danseurs, comptant parmi ses clients plusieurs des meilleurs danseurs de New York.

Il mourut en 1967, à l'âge de 83 ans. Clara continua ce qui était déjà connu comme le Pilates Studio à New York et, en 1970, Romana Kryzanowska, une ancienne étudiante, en devint la directrice.

LES HUIT PRINCIPES DU PILATES

Ces huit principes sont la pierre angulaire de la méthode Pilates. Si vous les gardez à l'esprit en exécutant chaque exercice, il y a de fortes chances que vous adoptiez les techniques correctes et en retiriez le maximum. Les citations sont de Joseph Pilates.

1. Concentration

« Gardez toujours votre esprit tout entier concentré sur le but des exercices pendant que vous les exécutez. »

La méthode Pilates est une façon consciente de bouger et, par conséquent, elle exige un type de concentration différent des autres genres de conditionnement physique. Les avantages de l'amélioration de votre concentration en valent bien la peine. Cela réduira les niveaux de stress et vous aurez une pensée plus claire et une meilleure attention.

2. Respiration

« Respirer est le premier acte de la vie. Notre vie même en dépend. Des millions de gens n'ont jamais appris l'art de respirer correctement. »

La méthode Pilates vous enseignera de nouvelles techniques de respiration. Nous devons garder les muscles profonds contractés quand nous exécutons le Pilates, car c'est ainsi que nous renforçons et protégeons la colonne vertébrale. Les muscles profonds contractés, nous ne pouvons plus diriger la respiration dans la région de l'abdomen ; par conséquent, nous la dirigeons dans la cage thoracique. C'est ce qu'on appelle la respiration thoracique (voir page 24).

3. Centrage

« La méthode Pilates développe le corps uniformément, corrige les mauvaises postures, restaure la vitalité, revigore la pensée et élève l'esprit. »

Joseph Pilates croyait que nos muscles abdominaux étaient le centre énergétique du corps. Ils sont notre centre et, par conséquent, ils initient chaque mouvement. Pour maintenir un centre fort, les abdominaux et le dos doivent être de force égale.

4. Contrôle

« Une bonne posture ne peut être acquise avec succès que si le mécanisme entier du corps est sous un contrôle parfait. »

Le contrôle s'apprend quand, enfant, nous tentons notre premier pas chancelant. Le contrôle permet d'amorcer la prise en charge de notre corps. Malheureusement, avec le temps, nous prenons de mauvaises habitudes ; par contre, le Pilates permet de prendre du recul et de réapprendre.

5. Précision

« Les avantages du Pilates dépendent uniquement de votre manière de vous conformer aux instructions dans l'exécution des exercices. »

Les mouvements du Pilates sont justes et exigent que les actions et la respiration soient précises. Pensez à la nage synchronisée ou à la chorégraphie précise que les danseurs apprennent. Par le Pilates, vous acquerrez une sensibilité aux habiletés de précision et aurez conscience de l'espace et du rythme.

6. Mouvement

« Conçu pour vous donner de la souplesse, de la grâce et une habileté qui se refléteront indubitablement dans votre manière de marcher, de jouer et de travailler. »

La méthode Pilates est lente, gracieuse et contrôlée. Les mouvements devraient être continus, n'ayant ni commencement, ni fin. Imaginez une roue qui tourne encore et encore ; on ne peut dire où le mouvement débute, ni où il finit. Rien ne devrait être brusque, tendu ou forcé.

7. Isolement

« Chaque muscle peut aider, en coopération et fidèlement, au développement uniforme de tous nos muscles. »

Quand nous parlons d'isolement dans le Pilates, nous ne faisons que nous assurer que nous identifions tous nos muscles pour nous-mêmes. Le Pilates assure que nous développons les régions plus faibles du corps tout autant que les muscles opposés, plus forts.

8. Routine

« Faites-vous à l'idée que, sans faillir, vous exécuterez vos mouvements Pilates 10 minutes chaque jour. »

Le Pilates agis mieux quand il complète votre programme d'exercices en cours. Toutefois, cela ne fonctionne que si vous le pratiquez et en faites une part intégrante de votre routine.

EXERCICES DE RESPIRATION

Dans la méthode Pilates, nous tentons de ralentir la respiration, d'en augmenter la profondeur et de la coordonner avec les mouvements.

Nous nous concentrons aussi sur la contraction des muscles profonds et l'alignement neutre de la colonne vertébrale comme nous le faisons avec le travail sur le ballon (voir les pages 16 à 19). C'est à cause de cette contraction des abdominaux que nous devons diriger notre respiration dans la cage thoracique.

Veuillez retourner aux exercices des pages 24 à 27 pour les exercices de respiration. Il serait avantageux pour vous de retravailler ces exercices avant de commencer tout entraînement Pilates avec le ballon.

POUR COMMENCER

Les exercices suivants sont excellents comme échauffement et pour fixer l'attention de l'esprit et du corps. Ils sont aussi un bon point de départ si vous n'avez jamais pris part à des exercices basés sur la méthode Pilates ; en outre, ils peuvent être utilisés pour maîtriser la position neutre de la colonne vertébrale, la contraction des muscles profonds et la coordination de la respiration et du mouvement avant de passer à des exercices plus exigeants.

MOUVEMENTS DU BASSIN

 DANS QUEL BUT ? Mobiliser le bassin et pratiquer le déplacement vers l'intérieur et l'extérieur de la posture neutre de la colonne vertébrale.

1 **ⓐ** Commencez assis sur le ballon en position neutre, les genoux pliés et les pieds écartés à la largeur des hanches.

2 **ⓑ** Inspirez pour vous préparer, puis expirez tout en basculant lentement le bassin vers l'avant et en laissant le ballon rouler sous vous.

3 Inspirez en ramenant le bassin en position neutre.

4 **ⓒ** Ensuite, expirez de nouveau tout en basculant le bassin vers l'arrière et en laissant le ballon rouler sous vous.

5 Inspirez de nouveau en ramenant le bassin au centre.

6 Répétez les mouvements 4 à 6 fois.

CONSEILS

- Assurez-vous que vous êtes assis bien droit sur les os des fesses avant de commencer (ce sont ces protubérances osseuses que vous sentez sous votre derrière quand vous êtes assis sur un plancher dur).

- Imaginez que vous allongez par la couronne de la tête et que vous grandissez un peu plus chaque fois que vous revenez au centre.

- Gardez les muscles profonds contractés tout au long de l'exercice, cela vous aidera à trouver la position neutre plus facilement.

ⓐ

ⓑ

ⓒ

TORSION DE LA COLONNE VERTÉBRALE

? DANS QUEL BUT ? Mobiliser la colonne vertébrale, un excellent exercice pour se concentrer à isoler le haut du corps tandis que les hanches demeurent fixes sur le ballon.

1 Commencez assis bien droit sur le ballon, les genoux fléchis, les pieds écartés à la largeur des hanches et les bras pliés devant vous, la main opposée touchant le coude opposé.

2 Ⓑ Inspirez pour vous préparer, puis expirez tout en tournant le haut du corps à droite aussi loin que possible, sans faire bouger les hanches.

3 Inspirez de nouveau quand vous atteignez le point le plus éloigné de la torsion, puis expirez de nouveau tout en revenant en position de départ.

4 Répétez l'exercice 4 à 6 fois, en alternant les côtés.

CONSEILS

- Assurez-vous que hanches et genoux restent bien droits vers l'avant tout au long de l'exercice.

- Imaginez que vous grandissez par la couronne de la tête chaque fois que vous revenez au centre.

- Gardez le nez de niveau tout au long de l'exercice. Imaginez que vous avez une craie au bout du nez et que vous dessinez une ligne horizontale de niveau autour du mur en bougeant.

- Gardez la colonne vertébrale allongée tout au long de l'exercice ; ne laissez pas le corps s'affaisser avec la fatigue.

HAUSSER LE NIVEAU

1 Ⓒ Commencez assis sur le ballon comme à l'étape 1 mais, cette fois, étendez les bras sur les côtés, à la hauteur des épaules.

2 Répétez les étapes 2 à 4, comme précédemment.

LEVERS DU GENOU AVEC ROULEMENT DU BALLON

 DANS QUEL BUT ? Mobiliser les articulations du genou et tester votre centre de gravité ainsi que votre habileté à demeurer en équilibre sur le ballon.

1 **ⓐ** Commencez assis sur le ballon, les genoux pliés et les pieds écartés à la largeur des épaules. Posez les mains légèrement sur les côtés du ballon. Levez le pied droit à quelques centimètres du plancher.

2 **ⓑ** Inspirez en poussant vers l'arrière sur votre jambe portante et en l'allongeant aussi loin que possible.

3 **ⓒ** Expirez de nouveau en poussant avec le talon porteur sur le plancher pour ramener le ballon.

4 Reprenez les roulements vers l'extérieur et l'intérieur 6 à 8 fois, puis répétez avec l'autre jambe.

CONSEILS

- Pour rester en équilibre sur le ballon, tout le corps devra s'allonger – imaginez qu'une corde passe par la couronne de votre tête et vous tire vers le plafond. Vous devrez aussi garder les muscles profonds contractés pour stabiliser le torse et vous empêcher de chanceler.

- Si vous trouvez cet exercice difficile, réduisez l'ampleur du mouvement jusqu'à ce que vous ayez acquis un peu plus de confiance.

ⓐ

ⓑ

ⓒ

FLEXION LATÉRALE

 DANS QUEL BUT ? Mobiliser et étirer la colonne vertébrale et allonger les côtés du corps.

1  Commencez assis sur le ballon, les genoux pliés et les pieds écartés à la largeur des épaules. Inspirez en tendant le bras droit au-dessus de la tête.

2 Expirez en vous pliant vers la gauche aussi loin que possible tout en demeurant confortable. Inspirez de nouveau, en tenant la position.

3 Expirez en reprenant la position de départ. Répétez la flexion latérale 4 à 6 fois, en alternant les côtés.

CONSEILS

- Imaginez que vous vous allongez vers votre doigt quand vous vous penchez sur le côté, afin de garder l'allongement de la colonne vertébrale.

- En vous penchant, poussez la hanche opposée dans le ballon pour qu'elle ne se soulève pas. Gardez les hanches et les genoux bien droits vers l'avant tout au long de l'exercice.

- En revenant à la position de départ, pensez à initier le mouvement depuis les abdominaux ou les muscles profonds contractés.

 HAUSSER LE NIVEAU

1 Répétez les étapes 1 et 2, comme précédemment.
2 Tout en expirant, laissez tomber la poitrine vers le plancher, pour ressentir un étirement au haut du dos.
3 Inspirez en revenant à la position penchée sur le côté.
4 Puis, expirez de nouveau en relevant la poitrine pour regarder au plafond.
5 Inspirez en reprenant de nouveau la position penchée sur le côté.
6 Expirez en reprenant la position de départ.
7 Répétez 4 à 6 fois, en alternant les côtés

LA SCIE

 DANS QUEL BUT ? Mobiliser et étirer la colonne vertébrale, et étirer l'arrière des jambes. Un excellent exercice pour améliorer la posture.

1 Ⓐ Commencez assis sur le ballon, les genoux pliés, les pieds écartés à la largeur des hanches et les bras tendus sur les côtés, à la hauteur des épaules.

2 Ⓑ Inspirez en tournant le haut du corps vers la droite par une torsion de la colonne vertébrale.

3 Ⓒ Expirez en tendant la jambe droite et en penchant le torse vers l'avant afin de tendre la main gauche vers le pied droit.

4 Ⓓ Inspirez de nouveau en revenant en position de torsion de la colonne vertébrale et en remettant le pied droit sur le plancher.

5 Expirez en reprenant la position de départ.

6 Répétez la scie 4 à 6 fois, en alternant les côtés.

CONSEILS

- Assurez-vous que les os des fesses sont fermement sur le ballon quand vous commencez et essayez de ne pas laisser le ballon bouger de sa position durant le mouvement.

- Quand vous vous tendez vers votre pied, assurez-vous que la position des bras est la même que lors de la torsion de la colonne vertébrale. Vous devriez incliner le torse complet vers l'avant, d'une seule pièce.

- Pensez que vous grandissez chaque fois que vous revenez au centre.

CERCLES AVEC LES BRAS

 DANS QUEL BUT ? Mobiliser les épaules et mettre au défi la position neutre de la colonne vertébrale.

1 Commencez assis sur le ballon, les pieds écartés à la largeur des hanches. Marchez vers l'avant sur le ballon, en le laissant remonter la colonne vertébrale jusqu'à ce qu'il soit à l'arrière du cou. Assurez-vous que les hanches forment une ligne droite avec les épaules et les genoux. Une fois dans cette position, tendez les bras vers le plafond **a**.

2 Inspirez tout en allongeant les bras au-dessus de la tête **b**.

3 Ensuite, expirez tout en continuant le cercle jusqu'à ce que vous soyez revenu à la position de départ.

4 Répétez les cercles 6 à 8 fois.

CONSEILS

- Gardez les muscles profonds contractés pour maintenir la position neutre de la colonne vertébrale. Tandis que les bras forment le cercle vers l'arrière, il est très facile d'arquer le dos ; il est donc important de rester concentré !

- Gardez les hanches soulevées tout au long de l'exercice, afin qu'elles soient de niveau avec les genoux et les épaules.

ISOLEMENT DES ÉPAULES

 DANS QUEL BUT ? Travailler sur l'isolement des épaules, les laissant pousser le dos vers le bas. Un excellent exercice si vous souffrez de tension dans cette région.

1 Commencez assis sur le ballon, les pieds écartés à la largeur des hanches. Marchez vers l'avant sur le ballon, en le laissant remonter la colonne vertébrale jusqu'à ce qu'il soit à l'arrière du cou. Assurez-vous que les hanches forment une ligne droite avec les épaules et les genoux. Une fois dans cette position, tendez les bras vers le plafond **a**.

2 Serrez les omoplates l'une vers l'autre et tenez la position quelques secondes **b**.

3 Ensuite, relâchez cette position en revenant à la position neutre.

4 Continuez de serrer et de relâcher les omoplates, durant 8 à 10 répétitions, puis, en marchant à reculons, reprenez votre position assise sur le ballon.

CONSEILS

- C'est un mouvement très subtil ; essayez simplement d'isoler les épaules pendant que tout le reste reste en place.

- Ici, vous pouvez vraiment utiliser le ballon comme une base sur laquelle pousser tandis que vous serrez.

- Concentrez-vous sur le maintien de la position neutre de la colonne vertébrale tout au long de l'exercice.

ROTATIONS DES HANCHES

? DANS QUEL BUT ? Mobiliser les hanches et augmenter la souplesse des muscles à l'intérieur des cuisses.

1 Commencez couché sur le dos, les bras relaxés de chaque côté du corps, les genoux pliés et les pieds sur le ballon. Une fois en position, laissez les genoux s'ouvrir vers l'extérieur, aussi loin que possible tout en demeurant confortable.

2 **ⓑ** Inspirez en poussant le ballon tout en tendant les jambes en position tournée vers l'extérieur.

3 **ⓒ** Expirez ensuite en exécutant une rotation des hanches afin que les jambes soient en position tournées vers l'intérieur, puis ramenez le ballon vers vous.

4 Laissez les genoux retomber vers l'extérieur, en position de départ.

5 Répétez les rotations 6 à 8 fois.

CONSEILS

- Gardez la colonne vertébrale en position neutre pour éviter de trop arquer le dos tandis que vous étirez les jambes.
- Faites l'exercice lentement, en profitant vraiment de l'occasion pour mobiliser les hanches à votre propre rythme.

ENROULEMENTS DE LA COLONNE VERTÉBRALE

 DANS QUEL BUT ? Mobiliser la colonne vertébrale et renforcer les muscles profonds. Cet exercice est aussi excellent pour agir sur tous les muscles stabilisateurs des jambes et du tronc quand vous êtes en équilibre sur le ballon.

1   **ⓐ** Commencez couché sur le dos, les bras relaxés de chaque côté du corps et les pieds sur le ballon.

2   **ⓑ** Inspirez pour vous préparer, puis expirez en soulevant les hanches du plancher et en enroulant la colonne vertébrale, jusqu'à former une diagonale rectiligne des épaules aux genoux.

3   Inspirez une fois au sommet, puis expirez de nouveau en déroulant la colonne vertébrale, une vertèbre à la fois, pour revenir à la position de départ.

4   Répétez les enroulements de la colonne vertébrale 6 à 8 fois.

CONSEILS

- Gardez le mouvement régulier et contrôlé, en tentant de garder le même rythme tout au long de l'exercice.

- Concentrez-vous à ressentir chaque vertèbre quand vous vous enroulez et que, ensuite, vous déroulez la colonne vertébrale sur le plancher. Agissez sur toute zone de la colonne vertébrale qui est raide.

- Trouvez une bonne base de support sur le ballon en écartant les pieds à la largeur des hanches, ou plus si nécessaire.

ⓐ

ⓑ

ON VA DE L'AVANT!

Les exercices qui suivent seront plus exigeants et devraient être introduits graduellement à votre routine selon votre propre rythme. Vous trouverez certains exercices difficiles au début, sinon impossibles, mais accordez à votre corps le temps de gagner en force et en stabilité des muscles profonds et vous serez surpris de la vitesse à laquelle vous progresserez.

LES CENT

? **DANS QUEL BUT ?** Renforcer les muscles profonds, définir les muscles abdominaux.

1 Commencez assis sur le ballon, les genoux pliés et les pieds écartés à la largeur des hanches. Marchez vers l'avant sur le ballon, en le laissant remonter votre colonne vertébrale jusqu'à ce qu'il se trouve sous le haut du dos.

2 **b** Inspirez pour vous préparer puis, tout en expirant, enroulez le haut du corps en tendant les bras vers le mur opposé, les paumes tournées vers le bas.

3 **c** Ensuite, tout en gardant la position, faites un petit mouvement de battement avec les bras, les bougeant de haut en bas de quelques centimètres, avec du rythme. Inspirez le temps de cinq battements, puis expirez le temps de cinq autres battements.

4 Continuez de battre des bras jusqu'au compte de cent battements (vous pouvez vous rendre graduellement à ce nombre).

CONSEILS

- Essayez de garder le torse immobile pendant que les bras bougent.

- Ne laissez pas le ballon bondir sous vous ; cela indiquerait que vous avez perdu le contrôle du mouvement.

- Si vous sentez qu'il y a trop de tension sur votre cou dans cette position, essayez le mouvement avec une main derrière la tête pour la supporter, tout en faisant les battements d'une seule main et en changeant de main après 50 battements.

RAMER VERS L'ARRIÈRE

 DANS QUEL BUT ? Mobiliser la colonne vertébrale et renforcer les muscles profonds.

1 **ⓐ** Commencez assis sur le ballon, les genoux pliés et les pieds écartés à la largeur des hanches. Tendez les bras sur les côtés à la hauteur des épaules pour commencer.

2 **ⓑ** Inspirez pour vous préparer puis, tout en expirant, arrondissez la colonne vertébrale et inclinez-vous vers l'arrière, en amenant les bras ensemble au centre.

3 **ⓒ** Inspirez ici, puis expirez pendant que vous remontez, passez au centre pour vous courber au-dessus des genoux, tout en gardant la colonne vertébrale arrondie tout au long du mouvement.

4 Inspirez de nouveau en revenant au centre pour étirer la colonne vertébrale, ouvrir les bras et reprendre la position de départ.

5 Répétez le mouvement 6 à 8 fois.

1 Répétez les étapes 1 et 2, comme précédemment.
2 Inspirez dans cette position ; cette fois, tout en expirant, faites une torsion vers la droite tout en vous soulevant à un angle de 45° et en tendant les bras vers l'extérieur.
3 Inspirez et revenez au centre.
4 Expirez et faites une torsion vers la gauche, tout en vous soulevant à un angle de 45° et en tendant les bras vers l'extérieur.
5 Inspirez et revenez de nouveau au centre.
6 Expirez en vous enroulant complètement vers l'avant, jusqu'au-dessus des genoux, en gardant la colonne vertébrale arrondie tout au long du mouvement.
7 Répétez les étapes 4 et 5, comme précédemment.

CONSEILS

- Tentez de garder le ballon stable tout au long de l'exercice, afin qu'il ne roule pas plus que nécessaire pour exécuter l'exercice.

- Essayez d'initier le lever et les mouvements de torsion de vos abdominaux en évitant de projeter les bras et le haut du corps pour aider à vous soulever plus facilement.

- Gardez le cou aligné sur la colonne vertébrale et essayez d'éviter un surplus de tension dans cette région.

LE HÉRISSON

? **DANS QUEL BUT ?** Cet exercice est un véritable test sur l'ensemble de la force, de l'équilibre et du contrôle du corps.

 Commencez sur les mains et les genoux, à plat ventre sur le ballon.

1

2 Marchez sur vos mains jusqu'à ce que le ballon roule sous vos cuisses. Assurez-vous que vos mains sont directement sous vos épaules.

3 **c** Inspirez pour vous préparer, puis expirez en pliant les genoux et faites rouler le ballon vers vos mains, soulevant vos hanches vers le plafond.

4 Inspirez de nouveau en faisant rouler le ballon à sa position antérieure, tout en gardant les abdominaux contractés et la position neutre de la colonne vertébrale.

5 Répétez l'exercice 6 à 8 fois.

HAUSSER LE NIVEAU

1 Répétez les étapes 1 et 2 comme précédemment.

2 **d** Inspirez pour vous préparer et, cette fois, en roulant le ballon vers l'intérieur, gardez les jambes droites afin de prendre une position de pic, en poussant les hanches vers le plafond.

3 Répétez les étapes 4 et 5 comme précédemment.

CONSEILS

• Amorcez le roulement du ballon vers l'intérieur en contractant les abdominaux et en ramenant les jambes vers l'intérieur en utilisant les muscles profonds.

• Gardez le mouvement sous contrôle tout au long de l'exercice et conservez un rythme régulier.

• Quand vous revenez à la position de départ après chaque enroulement, assurez-vous de ne pas arquer le bas du dos.

LE SAUT DE L'ANGE

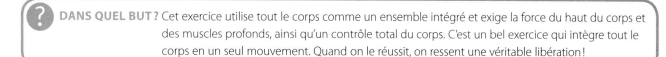

? **DANS QUEL BUT ?** Cet exercice utilise tout le corps comme un ensemble intégré et exige la force du haut du corps et des muscles profonds, ainsi qu'un contrôle total du corps. C'est un bel exercice qui intègre tout le corps en un seul mouvement. Quand on le réussit, on ressent une véritable libération !

1 **a** Commencez sur les mains et les genoux, à plat ventre sur le ballon.

2 **b** Marchez sur les mains jusqu'à ce que le ballon se trouve sous vos cuisses. Depuis les hanches, effectuez une torsion des jambes afin qu'elles soient légèrement tournées vers l'extérieur.

3 **c** Inspirez et soulevez légèrement la poitrine vers le plafond.

4 **d** Ensuite, expirez et poussez sur vos mains, tout en levant les jambes derrière vous pour former une diagonale rectiligne des mains jusqu'aux pieds.

5 Inspirez de nouveau en revenant à la position de départ.

6 Répétez 6 à 8 fois.

CONSEILS

- Essayez de garder la tête alignée sur le reste de la colonne vertébrale tout au long de l'exercice.

- Utilisez le talon des mains pour initier les roulements vers l'intérieur et l'extérieur.

- Essayez de ressentir une extension de tout le corps quand vous êtes dans la position du saut de l'ange.

- En position pleinement étirée, maintenez la colonne vertébrale en position neutre.

EXTENSIONS DU BRAS ET DE LA JAMBE OPPOSÉS AU GENOUX

 DANS QUEL BUT ? Pratiquer le centrage du poids et intégrer l'ensemble du corps dans un mouvement.

1  Commencez sur les mains et les genoux, à plat ventre sur le ballon.

2 Inspirez pour vous préparer, puis expirez en soulevant du plancher le bras droit et la jambe gauche tendus, jusqu'à ce qu'ils soient tous deux à pleine extension.

3 Inspirez en ramenant en douceur le bras et la jambe à la position de départ.

4 Répétez l'exercice 6 à 8 fois, en alternant les côtés.

a

b

CONSEIL

- Le but de cet exercice est de garder le poids réparti également sur les mains et les genoux. Quand vous soulevez la main et le genou opposés du plancher, votre poids devrait demeurer exactement où il est et ne devrait pas se transférer au genou de soutien. On y arrive en restant bien au centre et en allongeant pleinement le bras et la jambe, plutôt que de penser à un mouvement de lever. Utilisez un miroir pour vérifier qu'il n'y ait aucun mouvement d'un côté à l'autre pour éviter que cela n'arrive.

HAUSSER LE NIVEAU

1 Répétez l'étape 1 comme précédemment.
2   Répétez l'étape 2 mais, cette fois, poursuivez l'extension jusqu'à ce que votre pied droit et votre main gauche quittent le plancher et s'élèvent jusqu'à la hauteur des épaules et des hanches.
3 Répétez les étapes 3 et 4 comme précédemment.

c

ÉQUILIBRE AVEC LE BALLON

? DANS QUEL BUT ? Mettre à l'épreuve vos capacités d'équilibre tout en tonifiant les jambes et les abdominaux.

1 Commencez couché sur le dos et tentez de placer le ballon afin qu'il repose sur la plante de vos pieds.

2 **b** Tendez ensuite les jambes en essayant de garder le ballon en équilibre, les bras en extension de chaque côté, mais au repos sur le plancher.

3 Restez ainsi en équilibre aussi longtemps que le mouvement est confortable !

CONSEILS

- Ajustez vos pieds quand vous y placez le ballon de façon à ce qu'ils soient légèrement tournés vers l'extérieur et que vos talons soient distants de quelques centimètres.

- Essayez de maintenir votre respiration régulière et égale, tout en gardant l'équilibre.

JEU DE JAMBES

 DANS QUEL BUT ? Tonifier et renforcer les jambes, les fesses et les muscles abdominaux. Excellent pour amincir et allonger les jambes.

1 ⓐ Commencez couché sur le dos, les bras relaxés de chaque côté du corps, les pieds sur le ballon et les genoux pliés.

2 ⓑ Inspirez pour vous préparer puis, tout en expirant, éloignez lentement le ballon de vous en étendant les jambes et en fléchissant les pieds.

3 ⓒ Inspirez de nouveau en roulant le ballon pour le ramener vers vous.

4 Répétez les roulements 6 à 8 fois.

5 ⓓ Reprenez ensuite la position de départ et tournez les jambes afin que les talons se touchent, mais que les hanches, les genoux et les pieds soient tournés à un angle de 45° vers l'extérieur.

6 ⓔ Répétez les étapes 2 et 3 comme précédemment, en gardant les jambes tournées vers l'extérieur. Répétez ensuite les roulements vers l'extérieur 6 à 8 fois.

1 Répétez l'étape 1 comme précédemment, d'abord en position vers l'intérieur.

2 Inspirez pour vous préparer puis, en expirant, roulez lentement le ballon en l'éloignant de vous, tout en étendant les jambes, fléchissant les pieds et soulevant les hanches du plancher jusqu'à ce que vous formiez une diagonale rectiligne des épaules aux pieds.

3 Répétez les étapes 3 et 4 comme précédemment.

4 Répétez en position vers l'extérieur.

CONSEILS

- Gardez les muscles profonds contractés pour que la colonne vertébrale reste en position neutre tout au long de l'exercice. Vérifiez que le bas du dos ne s'arque pas depuis le plancher en plaçant votre main au creux du dos pour vous assurer qu'il n'y ait qu'un petit vide (on ne pourrait y glisser qu'une feuille de papier).

- Pensez d'allonger les jambes loin de vous, en imaginant que vous êtes tiré dans des directions opposées de la tête aux pieds afin qu'un allongement se produise à travers tout le corps.

- Quand vous soulevez les hanches du plancher, rappelez-vous de vous enrouler et de vous dérouler lentement, par la colonne vertébrale, en travaillant une vertèbre à la fois.

CERCLE AVEC UNE JAMBE

? **DANS QUEL BUT ?** Tonifier et renforcer les muscles des jambes et mettre à l'épreuve le contrôle et la stabilité de tout le corps.

1 **ⓐ** Commencez allongé sur le dos, le ballon sous les jambes et les bras détendus de chaque côté du corps.

2 **ⓑ** Inspirez en plaçant le pied droit sur le genou gauche.

3 **ⓒ** Expirez en étirant la jambe droite à un angle de 45°.

4 **ⓓ** Faites ensuite de petits cercles vers l'extérieur avec la jambe, en inspirant quand vous tracez la première moitié du cercle et en expirant pour la deuxième moitié.

5 Tracez 6 à 8 cercles dans cette direction, puis inversez la direction de la jambe et faites-en 6 à 8 autres.

6 Pour sortir de la position, ramenez le pied droit sur le genou gauche et remettez le pied sur le ballon.

7 Répétez l'exercice avec l'autre jambe.

1 Répétez l'étape 1 comme précédemment.
2  Inspirez pour vous préparer, puis expirez en vous enroulant par la colonne vertébrale pour soulever les hanches du plancher jusqu'à ce que votre corps forme une diagonale rectiligne des épaules aux orteils.
3 Répétez les étapes 2 et 3 comme précédemment, en gardant les hanches soulevées.
4 Répétez les étapes 4 à 7 comme précédemment.

CONSEILS

* Essayez de tracer de petits cercles contrôlés à vitesse régulière.

* Gardez les mains et les bras détendus, en évitant la tentation de pousser contre le plancher.

* Quand vous exécutez le niveau le plus difficile, assurez-vous que la colonne vertébrale est supportée par la contraction des muscles profonds et que le corps est stabilisé, alors que seule la jambe non portante est en mouvement.

PRÉPARATION COURTE DE LA COLONNE VERTÉBRALE

 DANS QUEL BUT ? Renforcer et tonifier les muscles du bas de l'abdomen et les jambes. Aussi, cet exercice mettra vraiment au défi la position neutre de la colonne vertébrale.

1 **a** Commencez couché sur le dos, les bras relaxés de chaque côté du corps. Tenez le ballon entre les jambes et pliez les genoux en soulevant le ballon du sol.

2 **b** Inspirez pour vous préparer, puis expirez en tendant les jambes à 45° du sol.

3 **c** Inspirez en soulevant les jambes afin qu'elles soient directement au-dessus des hanches.

4 **d** Expirez de nouveau en tentant d'amener les pieds vers la tête pour augmenter l'étirement dans les jambes.

5 Inspirez encore en pliant les genoux pour revenir à la position de départ.

6 Répétez tout l'exercice 6 à 8 fois.

CONSEILS

- Tentez de garder les bras et les mains détendus et évitez de pousser sur le sol pour vous aider !

- Gardez les muscles profonds contractés pour maintenir la colonne vertébrale en position neutre et évitez que la colonne vertébrale ne s'arque trop alors que vous allongez les jambes. Si le dos est trop cambré, gardez les jambes plus haut qu'à un angle de 45°, jusqu'à ce que la force de vos muscles profonds augmente, sans quoi vous pourriez risquer une blessure au bas du dos.

- Gardez les mouvements sous contrôle et à la même vitesse tout au long de l'exercice.

ÉTIREMENT D'UNE JAMBE

 DANS QUEL BUT ? Gagner de la force dans l'abdomen et mettre à l'épreuve votre coordination et votre respiration !

1 **ⓐ** Commencez couché sur le dos, les genoux repliés sur la poitrine et le ballon posé en douceur sur les genoux.

2 **ⓑ** Inspirez pour vous préparer puis, tout en expirant, poussez le ballon au-dessus de votre poitrine, en soulevant la tête de quelques centimètres et en tendant la jambe droite à un angle de 45°.

3 **ⓒ** Inspirez ensuite en changeant de jambe deux fois, en étendant d'abord la gauche, puis la droite encore.

4 **ⓓ** Expirez ensuite en changeant de jambe encore deux fois mais, ce coup-ci, tendez les bras vers l'arrière, au-dessus de votre tête.

5 Inspirez pour deux changements de jambe, les bras au-dessus de la tête.

6 Puis expirez de nouveau pour deux changements de jambe, les bras au-dessus de la tête.

7 Répétez l'exercice 6 à 8 fois, puis ramenez les bras et les genoux sur la poitrine avant d'abaisser les jambes sur le sol.

CONSEILS

- L'astuce dans cet exercice, c'est de coordonner la respiration avec le mouvement ; par conséquent, si cela semble difficile, n'abandonnez pas, continuez de pratiquer ! Si nécessaire, vous pouvez aussi essayer avec les jambes seules et, une fois maîtrisées, ajouter les bras.

- Soyez conscient de la position de votre colonne vertébrale ici, en vous assurant qu'elle demeure supportée et qu'elle ne s'arque pas quand les bras vont au-dessus de la tête.

- Si vous trouvez que cet exercice met trop de pression sur le cou, essayez-le en gardant la tête au repos sur le plancher.

ⓐ

ⓑ

ⓒ

ⓓ

ÉTIREMENT DES DEUX JAMBES

? **DANS QUEL BUT ?** Bâtir la force et la coordination de l'abdomen. Un mouvement vraiment puissant.

1   Commencez couché sur le dos, les genoux repliés sur la poitrine et le ballon sur les genoux.

2 **b** Inspirez pour vous préparer puis, tout en expirant, allongez les jambes à 45°. En même temps, tendez les bras afin qu'ils soient au-dessus de votre front.

3 Inspirez en ramenant les bras et les jambes à la position de départ.

4 Répétez l'exercice 6 à 8 fois.

CONSEILS

- En position étirée, pensez à un allongement de tout le corps ; imaginez qu'on vous tire par la tête et les orteils dans des directions opposées.

- Si nécessaire, gardez les jambes plus hautes que 45° pour rendre l'exercice un peu plus facile. Ne les abaissez que si vous êtes capable de stabiliser la position de la colonne vertébrale.

 **HAUSSER LE NIVEAU**

1 **c** Répétez l'étape 1 comme précédemment, mais cette fois en soulevant la tête du plancher de quelques centimètres.

2 **d** Répétez l'étape 2, mais cette fois en tendant les bras directement au-dessus de votre tête.

3 Répétez les étapes 3 et 4 comme précédemment.

L'ENROULEMENT

? **DANS QUEL BUT ?** Tonifier les abdominaux et augmenter la force des muscles profonds. Cet exercice sert à tester le contrôle sur la contraction des muscles profonds.

1 **a** Commencez couché sur le dos, les jambes étendues. Tenez le ballon légèrement au-dessus des hanches.

2 **b** Inspirez et tendez les bras vers le plafond.

3 **c** En expirant, enroulez le corps vers l'avant, tout en détachant la colonne vertébrale du sol, une vertèbre à la fois.

4 **d** Inspirez quand le ballon atteint les pieds, en vous étirant aussi loin que possible tout en demeurant confortable.

5 **e** Expirez à nouveau en vous déroulant par la colonne vertébrale.

6 **f** Inspirez ensuite quand les bras arrivent au-dessus de la tête, étendus vers le mur derrière vous.

7 Expirez en commençant à enrouler le corps de nouveau et répétez l'exercice 6 à 8 fois, en commençant à l'étape 3.

CONSEILS

- Essayez de bouger très lentement et de garder un rythme constant tout au long de l'exercice. Il est très intéressant de noter où le corps cherche à accélérer et si vous pouvez arriver à garder le contrôle ! Concentrez-vous vraiment sur les régions où vous sentez que cela se produit.

- Si vous trouvez trop difficile de vous soulever du plancher les jambes droites, essayez en pliant les genoux jusqu'à ce que vos muscles profonds soient plus forts.

LA ROULADE

> **?** **DANS QUEL BUT ?** Tonifier les abdominaux et les jambes. C'est un exercice très éprouvant pour la force des muscles profonds.

1 **a** Commencez couché sur le dos, le ballon entre les chevilles et les jambes tendues vers le plafond.

2 **b** Inspirez pour vous préparer puis, tout en expirant, roulez vers l'arrière par la colonne vertébrale en amenant les jambes par-dessus votre tête.

3 Inspirez en touchant le sol avec le ballon **c**, puis soulevez les jambes afin qu'elles soient parallèles au plancher **d**.

4 **e** Expirez ensuite en vous déroulant par la colonne vertébrale, en ramenant le ballon à un angle de 45°.

5 Inspirez de nouveau en ramenant les jambes à la position de départ.

6 Répétez l'exercice 4 à 6 fois.

CONSEILS

- Si vous trouvez cet exercice trop difficile, bâtissez votre force sans le ballon et réintroduisez-le une fois que vous vous sentez prêt.
- Gardez un rythme lent et régulier et une vitesse constante tout au long de l'exercice.
- Quand vous abaissez les jambes à 45°, vérifiez que vous êtes capable de maintenir la colonne vertébrale en position neutre. Ne baissez les jambes que si vous êtes capable de le faire ; si vous sentez que votre dos commence à s'arquer du plancher, gardez les jambes plus hautes jusqu'à ce que les muscles profonds soient plus forts.

ROULEMENTS DE BALLON

? DANS QUEL BUT ? Utiliser les abdominaux pour contrôler le mouvement de roulement. Cet exercice est aussi un excellent massage pour la colonne vertébrale.

1   Ⓐ Commencez en équilibre sur les os des fesses, les genoux pliés, en tenant le ballon devant les tibias.

2   Ⓑ Inspirez pour vous préparer, puis expirez en enroulant la colonne vertébrale et roulant vers l'arrière tout en maintenant la position assise.

3   Inspirez en roulant pour revenir à la position de départ et retrouver votre équilibre.

4   Faites 6 à 8 roulements.

CONSEILS

· Ne roulez pas plus loin que le haut du dos : la tête et le cou ne devraient pas toucher le sol.

· Le corps doit garder la position de départ ; le seul mouvement devrait être le roulement. Si vous ramollissez et perdez la position, il sera difficile de rouler en sens inverse pour revenir à la position de départ.

CHAPITRE CINQ

YOGA AVEC LE BALLON

QU'EST-CE QUE LE YOGA ?

Le mot yoga vient de la racine sanskrit «yuj» qui signifie joindre ou joug. Cela implique l'alliance de tous les aspects d'un être humain : l'esprit, le corps et l'âme. Une autre définition très courante du yoga est l'«union», c'est-à-dire l'union de l'esprit individuel avec l'univers.

Le yoga est une science appliquée de l'esprit et du corps, vieille de 5 000 ans. Pratiquer le yoga peut aider à équilibrer le corps et l'esprit afin qu'on puisse maintenir un état de santé optimal. Le yoga ne crée pas la bonne santé, mais un environnement interne qui nous permet de trouver notre propre équilibre. Une personne en bonne santé constitue un ensemble complet : pensée, corps et esprit. Une bonne santé exige une alimentation naturelle, de l'air pur, de l'exercice, ainsi qu'un esprit et une conscience tranquille. Le yoga offre cette philosophie globale ouvrant sur tous les aspects de la vie.

Les yogis croient que le but principal de toute personne dans la vie est la quête du bonheur. Ils estiment que, bien que ce soit ce que nous nous efforçons tous d'atteindre, un nombre considérable de gens continueront de se contenter de plaisirs éphémères. Ils affirment que, à un certain moment de notre évolution spirituelle, et après plusieurs vies, nous deviendrons insatisfaits de ces moments éphémères et amorcerons notre quête de la béatitude éternelle.

Plus récemment, le yoga a été aussi reconnu pour ses bienfaits physiques et on peut y avoir accès dans tous les centres de santé et de conditionnement physique du monde entier. En outre, il a aussi reçu l'appui d'un certain nombre de célébrités pour son rôle dans la réalisation de corps en parfaite condition physique. Il existe plusieurs styles différents de yogas, les uns plus physiques et les autres plus méditatifs, mais ils ont tous quelque chose à offrir à tout le monde.

UNE COURTE HISTOIRE DU YOGA

On pratique le yoga en Inde depuis plus de deux millénaires. Il existe des histoires et des légendes documentées attestant de l'existence du yoga et de praticiens qui y étaient associés.

La littérature indienne offre une profusion de connaissances sur le yoga couvrant tous les niveaux imaginables. En ordre chronologique, ce sont : le Veda (livres de la connaissance écrite), les Upanishad (spéculations philosophiques), le Purāna (cosmologies anciennes) et deux épopées, le Râmâyana et le Mahābhārata. Le Mahābhārata renferme un chef-d'œuvre de l'écriture sainte indienne, appelé le Bhagavad-Gîtâ.

Vers la fin de la période védique, il y a eu la littérature de sagesse avec les «aphorismes du yoga» de Patañjali. Ceux-ci sont d'un intérêt spécial pour les étudiants en yoga. Patañjali est le fondateur légendaire du yoga. Selon la tradition, il apporta à l'humanité une sérénité d'esprit via la philosophie du yoga. Il y aussi des ouvrages entiers, tant anciens que modernes, traitant de la philosophie du yoga, qui témoignent de la pertinence jamais démentie du yoga comme discipline de vie.

POURQUOI ADAPTER LE YOGA AU BALLON ?

Adapter le yoga au ballon offre, à l'esprit et au corps, une expérience unique d'entraînement, rendue possible uniquement par l'association des vertus d'équilibre du ballon aux postures et à la concentration du yoga. Le ballon peut ajouter une dimension plus profonde à votre pratique du yoga, car la surface instable offre un défi supplémentaire. Les muscles stabilisateurs doivent travailler très fort pour vous maintenir en équilibre sur le ballon ; en outre, la surface ronde permet un éventail de mouvements beaucoup plus grand, tout en offrant facilité et adaptabilité quand vous entrez ou sortez de certaines postures de yoga.

Pour les nouveaux venus au yoga, le ballon peut facilement offrir une ouverture sur certaines postures qui, autrement, requéreraient beaucoup plus de force et d'agilité. Le ballon permet de rouler en douceur dans et hors de certaines postures et, au besoin, il supporte le poids de votre corps. Cela dit, l'usage du ballon ne se limite pas aux débutants en yoga ; on peut aussi l'utiliser comme outil pour intensifier les mouvements et augmenter les étirements, ce qui ajoute un nouveau défi même pour l'étudiant de yoga le plus chevronné.

LE SOUFFLE VITAL

Le souffle est synonyme de vie. La vie entre en nous au moment de notre première inspiration et nous quitte à la dernière inspiration. La respiration est si naturelle et automatique tout au long de la vie que, la plupart du temps, on ne se rend même pas compte qu'on respire, à moins que l'attention ne s'y attarde à cause d'une difficulté ou parce qu'on choisit de porter attention au processus.

La pratique du contrôle conscient de la respiration – Prāṇāyāma – est un ancien moyen développé par les yogis pour créer ultimement l'harmonie dans le corps, l'esprit et le milieu naturel. L'acte fondamental de respirer crée lui-même un équilibre intérieur en procurant au corps un apport continuel d'oxygène, tandis que le dioxyde de carbone expiré crée aussi un équilibre dans le milieu naturel, hors du corps.

Dans le yoga, on tente de respirer profondément dans le diaphragme, en utilisant la pleine capacité des poumons. Nous avons été conçus pour respirer ainsi mais, malheureusement, les courtes respirations de surface dont dépendent la plupart d'entre nous ne permettent pas au corps de performer à sa pleine capacité. Cela semble résulter de nos modes de vie stressants – n'ayant jamais vraiment l'occasion de nous concentrer sur notre respiration – et de notre mauvaise posture – une conséquence de nos choix de vie sédentaire : auto, ordinateur, divan, télévision, lit, etc.

Quand on pratique le yoga sur le ballon, on doit toujours être conscient des techniques de respiration apprises dans le Chapitre 1, pages 24 à 27 ; on devra appliquer ces techniques quand des positions sur le ballon exigeront que l'on stabilise la colonne vertébrale pour la maintenir en position neutre. Toutefois, les exercices de respiration suivants, dits de «respiration diaphragmatique», attireront votre attention sur la respiration profonde et consciente, ce qui est le but ultime durant notre pratique du yoga. Ce type de respiration est une technique parmi d'autres utilisées dans le yoga.

EXERCICE DE RESPIRATION DIAPHRAGMATIQUE

 DANS QUEL BUT ? Pratiquer la respiration profonde et consciente en utilisant le diaphragme à chaque respiration. Le ballon est utile ici pour prendre conscience du diaphragme, car il agit comme un poids léger contre lequel le diaphragme doit travailler à chaque respiration.

1 **a** Commencez allongé sur le dos, les genoux pliés et les pieds à plat sur le plancher. Posez le ballon sur l'abdomen, en gardant les mains sur le ballon pour l'y maintenir.

2 Inspirez par le nez, laissant le ventre gonfler avec la respiration et pousser contre le ballon.

3 Expirez par la bouche, rejetant l'air des poumons et rentrant l'abdomen vers la colonne vertébrale.

4 Continuez la respiration durant quelques minutes.

CONSEILS

- Concentrez-vous sur le mouvement du ballon alors qu'il monte et descend avec chaque respiration.

- Essayez d'inspirer et d'expirer au même rythme.

- Une fois à l'aise avec votre rythme respiratoire, essayez d'allonger la durée de chaque respiration.

RESPIRER AVEC LEVERS DES BRAS

? DANS QUEL BUT ? Continuer de pratiquer la respiration profonde. Cette fois, on ajoutera aussi les levers des bras pour maîtriser la coordination entre la respiration et le mouvement.

1 Commencez allongé sur le dos, les genoux pliés et les pieds à plat sur le plancher. Posez le ballon sur l'abdomen, en le tenant avec les mains.

2 **a** En inspirant, soulevez le ballon et étendez les bras par-dessus la tête pour sentir le ventre se gonfler comme un ballon.

3 **b** En expirant, ramenez les bras de manière à ce que le ballon soit de nouveau sur l'abdomen.

4 Continuez la respiration durant quelques minutes.

CONSEILS

- Assurez-vous que, lorsque les bras sont au-dessus de la tête, le dos ne s'arque pas.

- Essayez d'allonger la durée de chaque respiration, en faisant des respirations aussi longues que possible.

- Restez concentré sur la montée et la descente du ventre, même quand le ballon ne s'y trouve pas.

SALUTATION AU SOLEIL

 DANS QUEL BUT ? La salutation au soleil est une routine d'échauffement spécifique au yoga conçue pour lubrifier les articulations, préparer les muscles, le cœur, les poumons et l'esprit au yoga āsana plus intense à venir. Cette série de mouvements doit être exécutée en une séquence gracieuse et continue. Les jours où vous n'avez pas de temps pour une pratique complète de yoga, cette excellente routine est complète en elle-même et vous pouvez l'exécuter en peu de temps. Traditionnellement, on l'exécute au lever du soleil, pour accueillir l'éveil d'un nouveau jour.

1   Commencez debout, les pieds écartés à la largeur des hanches, les genoux légèrement relaxés, en tenant le ballon devant vous.

2   Inspirez en levant les bras droits au-dessus de la tête , puis prenez la posture de la chaise .

3   Expirez en penchant le corps vers l'avant pour toucher le plancher avec le ballon, tout en demeurant étiré dans la colonne vertébrale. Ici, vous pouvez plier les genoux, si nécessaire.

4   En inspirant, placez les mains sur le dessus du ballon et rentrez le ventre, en arrondissant la colonne vertébrale.

5   Expirez tout en marchant à plat ventre sur le ballon jusqu'à ce que vous soyez dans la posture de la planche.

6   Inspirez de nouveau tout en marchant à reculons sur le ballon pour vous retrouver dans la posture du chien penché. Prenez quelques respirations dans cette position, en pliant les genoux, si nécessaire.

7   Tout en inspirant, placez-vous sur les mains et les genoux, à plat ventre sur le ballon.

8   Expirez en vous relevant dans la posture du cobra, en gardant les genoux pliés ici encore, si nécessaire.

9   Inspirez de nouveau en revenant sur les mains et les genoux, à plat ventre sur le ballon.

10   Expirez en poussant pour revenir sur les pieds, penché vers l'avant.

11   Inspirez en vous redressant dans la posture de la chaise.

12   Expirez finalement en vous redressant sur vos jambes et abaissant le ballon à la position de départ.

13   Répétez la séquence 2 à 5 fois.

CONSEILS

- Essayez de synchroniser la respiration et le mouvement pour créer une séquence fluide, sans commencement ni fin.

- Concentrez-vous sur votre technique quand vous abordez chaque posture, en assurant un bon alignement du corps et de la colonne vertébrale.

POSTURES DEBOUT

Les postures debout sont, dans tout le yoga āsana, les plus fondamentales, car elles pavent la voie à certaines des postures les plus avancées. Ces postures créent force, puissance et confiance en soi, tout en améliorant la souplesse et la mobilité. Elles peuvent aider la digestion, réguler les reins et améliorer la circulation, tout en revigorant l'esprit.

Conservez chaque posture aussi longtemps qu'elle demeure confortable, en prenant quelques respirations profondes et en sortant quand vous vous sentez prêt.

POSTURE DE LA MONTAGNE

? **DANS QUEL BUT ?** Utilisée comme position de départ ou de fermeture dans le yoga, elle est aussi très utile pour concentrer l'esprit et l'énergie avant d'aborder des postures plus difficiles. Utilisez ce moment pour vérifier votre alignement et vous centrer.

1 **ⓐ** Mettez-vous debout en tenant le ballon devant vous, les bras relaxés vers le bas. Assurez-vous que les pieds sont parallèles et les muscles des jambes engagés, en gardant les jambes ensemble. Pensez à tirer les omoplates vers le bas du dos, allongez-vous par la couronne de la tête et ouvrez votre poitrine, allégeant le cœur.

ⓐ

ÉQUILIBRE SUR UNE JAMBE

 DANS QUEL BUT ? Voici un bon exercice d'équilibre préliminaire qui réchauffera le système nerveux central et aidera à concentrer votre esprit pour les exercices d'équilibre plus difficiles à venir.

1   **a** Commencez debout devant le ballon, posez le pied droit sur le ballon.

2   **b** Tenez-vous debout bien droit, les bras de chaque côté du corps.

3   Respirez profondément tout en gardant l'équilibre.

4   Quand vous êtes prêt, quittez la position en équilibre et changez de jambe.

CONSEILS

- Essayez de trouver un point à la hauteur des yeux sur lequel vous concentrer. Cela vous aidera à garder l'équilibre.

- Engagez vos muscles profonds dès le début de l'exercice. Vous resterez fort et en contrôle.

FLEXION LATÉRALE

? DANS QUEL BUT ? Ouvrir les poumons et augmenter la flexibilité latérale.

1 **a** Commencez debout bien allongé, les pieds joints, le ballon tenu au-dessus de la tête.

2 **b** Allongez-vous vers le haut, puis expirez en tendant le ballon vers la droite tout en pliant le haut du corps aussi loin que possible tout en demeurant confortable.

3 Prenez quelques respirations, puis revenez en position debout, en allongeant le corps plus vous vous redressez. Répétez de l'autre côté.

a

b

CONSEILS

- Gardez les hanches et les épaules bien droites vers l'avant en vous pliant.

- Gardez la tête alignée sur le reste de la colonne vertébrale en vous inclinant. Essayez de ne pas mettre trop de tension dans le cou.

- Imaginez que vous vous allongez un peu plus chaque fois que vous revenez au centre.

FLEXION VERS L'AVANT

 DANS QUEL BUT ? Renforcer le dos et l'arrière des jambes et augmenter la flexibilité dans ces régions du corps. Cet exercice est bon aussi pour pratiquer le maintien de la position neutre de la colonne vertébrale en se penchant vers l'avant.

1   **a** Commencez debout, en tenant le ballon devant vous.

2   **b** Expirez en vous penchant vers l'avant depuis les hanches, tout en gardant la colonne vertébrale allongée et en tendant le ballon vers le plancher.

3   Prenez ici quelques respirations.

4   Inspirez en revenant à la position de départ.

a

b

CONSEILS

• Ne vous pliez pas plus loin que votre zone de confort.

• Gardez la colonne vertébrale en position neutre tout au long de l'exercice.

• Gardez les articulations des genoux légèrement relaxées dans cette position.

POSTURE DE LA CHAISE

 DANS QUEL BUT ? Renforcer les muscles des jambes et des bras et ouvrir le dos. Cet āsana stimule aussi les systèmes digestif et reproducteur.

1 **a** Commencez debout, bien allongé, les pieds joints, en tenant le ballon devant les jambes.

2 **b** Expirez en vous assoyant (tout comme si vous vous assoyiez sur une chaise), en amenant le ballon vers le sol.

3 Ici, prenez quelques respirations, puis redressez les jambes pour revenir à la position de départ.

1 **c** Commencez debout comme précédemment mais, cette fois, en tenant le ballon au-dessus de la tête.

2 **d** Inspirez en vous assoyant tout en gardant les bras levés vers le plafond.

3 Répétez l'étape 3, comme précédemment.

c

d

CONSEILS

- En prenant la posture de la chaise, gardez les genoux alignés directement sur les chevilles.

- Si vous ressentez trop de pression dans les genoux, adoptez la version plus facile en vous pliant moins dans la posture.

- Gardez une impression de détente dans la poitrine tout au long de l'exercice.

POSTURE DE LA PYRAMIDE

 DANS QUEL BUT ? Améliorer la flexibilité de l'arrière des jambes et du bas du dos.

1 **a** Commencez debout, le ballon devant vous sur le plancher, les mains posées sur son sommet.

2 **b** Avec la jambe droite, faites un pas en arrière et tournez le pied vers l'extérieur à un angle de 45°. Pliez le genou gauche, en vous assurant que les hanches restent bien droites vers l'avant.

3 **c** Expirez et roulez le ballon loin devant vous tout en tendant le genou gauche.

4 Gardez la posture, en prenant ici quelques respirations profondes. Quand vous êtes prêt, sortez de la position et répétez de l'autre côté.

 HAUSSER LE NIVEAU

1 Répétez les étapes 1 à 3, comme précédemment.
2 **d** Une fois en position, ajoutez une torsion de la colonne vertébrale. Tendez le bras droit vers le plafond, en levant les yeux vers votre main droite.
3 Répétez l'étape 4 comme précédemment, puis reprenez de l'autre côté.

CONSEILS

- Utilisez le ballon pour augmenter ou diminuer l'extension, en le roulant vers vous ou loin de vous, selon votre souplesse.

- Quand vous êtes en position, assurez-vous que la colonne vertébrale est étirée plutôt qu'arrondie.

- Permettez-vous de relaxer dans l'étirement, en prenant des respirations profondes. Vous devriez vous rendre compte que, avec la relaxation des muscles, vous pouvez intensifier un peu plus la posture.

POSTURE DU GUERRIER 1

 DANS QUEL BUT ? Renforcer le devant des cuisses et tonifier tous les plus petits muscles stabilisateurs des jambes. Cet exercice étirera aussi les hanches et les épaules tout en aidant la digestion et la circulation.

1 **ⓐ** Commencez debout, en tenant le ballon devant les jambes en posture de la montagne (voir la page 166).

2 **ⓑ** Avancez la jambe droite vers l'avant en faisant une enjambée de longueur confortable, puis tournez le pied gauche vers l'extérieur à un angle de 45°.

3 **ⓒ** Pliez le genou droit en position de fente et levez le ballon au-dessus de la tête.

4 Tenez la position durant quelques respirations puis, quand vous êtes prêt, sortez de la posture et répétez avec l'autre jambe.

CONSEILS

- Assurez-vous que le genou plié qui supporte demeure aligné sur la cheville dans le guerrier 1. Si nécessaire, repoussez la jambe encore plus vers l'arrière pour y arriver.
- Bien s'allonger en levant les bras vers le plafond aidera à garder l'équilibre et la stabilité au temps fort de la posture.

POSTURE DU GUERRIER 2

 DANS QUEL BUT ? Cette posture exigeante renforce et tonifie les jambes et étire les muscles internes des cuisses. Ici, le grand avantage de l'usage du ballon, c'est que vous pouvez, en fait, transformer progressivement la posture assise du début en posture debout quand vous êtes prêt.

1   ⓐ Commencez assis sur le ballon, les jambes largement écartées. Tendez les bras sur les côtés, à la hauteur des épaules.

2   ⓑ Tournez le pied gauche vers l'extérieur et le pied droit vers l'intérieur. Poussez-vous au bord du ballon, en tendant la jambe droite et regardant en avant, au-dessus de la ligne que forme votre main gauche.

3   Tenez la posture le temps de quelques respirations, puis répétez de l'autre côté.

ⓐ

ⓑ

1  Commencez dans la posture de la montagne (voir la page 166), en tenant le ballon devant les jambes.

2 Écartez largement les jambes et mettez le ballon sur la hanche gauche, le gardant en place avec la main gauche placée dessus.

3 Tournez le pied gauche vers l'extérieur et le pied droit vers l'intérieur, puis pliez le genou gauche à un angle de 90°. Regardez devant, au-dessus de la main gauche.

4 Tenez le temps de quelques respirations, puis répétez de l'autre côté.

CONSEILS

- Quand vous prenez la version assise du guerrier 2, utilisez le ballon pour vous supporter autant ou aussi peu que nécessaire. Essayez d'amener votre poids au bord du ballon et soutenez-vous avec les jambes afin d'être à peine en contact avec le ballon. Une fois que vous pourrez le faire, vous saurez que vous êtes prêt à passer à l'autre niveau.

- Dans les deux versions de la posture, assurez-vous que le genou plié qui supporte est aligné directement sur la cheville. Cela évitera d'exercer trop de pression sur l'articulation du genou.

- Pensez à vous allonger par le bout des doigts, comme si vous étiez tiré dans des directions opposées.

POSTURE DU DANSEUR

? **DANS QUEL BUT ?** Pratiquer votre équilibre, tonifier et renforcer les muscles stabilisateurs des jambes ; améliorer la force des muscles profonds.

1 Commencez debout, le ballon devant vous sur le plancher. Joignez les pieds, pliez les genoux et posez légèrement les mains au sommet du ballon .

2 Derrière le dos, agrippez le pied droit avec la main droite, en joignant les genoux et contractant les muscles profonds **b**.

3 **c** Ensuite, inclinez-vous vers l'avant depuis les hanches, en roulant le ballon avec la main gauche vers l'extérieur aussi loin que possible.

4 Maintenez votre équilibre le temps de quelques respirations, puis roulez le ballon vers vous pour sortir de la position. Répétez de l'autre côté.

CONSEILS

- Assurez-vous que la colonne vertébrale reste en extension quand vous inclinez le corps vers l'avant.

- Trouver, à la hauteur des yeux, un point à fixer tout au long de l'exercice aidera à vous concentrer et à garder l'équilibre.

- Au début, ne vous inclinez pas au-delà de votre zone de confort. Avec le temps, vous améliorerez votre équilibre et votre force, ce qui vous permettra d'adopter la pleine posture.

POSTURE DU GUERRIER 3

? **DANS QUEL BUT ?** Cette dernière posture de la série du guerrier est une posture plus avancée. Elle tonifiera et renforcera les jambes et les muscles profonds ; elle testera votre équilibre, tout en vous aidant à vous enraciner et vous centrer.

1   Commencez debout, bien allongé dans la posture de la montagne (voir la page 166) **a**.

2   Tendez ensuite la jambe droite derrière vous et soulevez le ballon à la hauteur des épaules **b**.

3   Inclinez-vous vers l'avant depuis les hanches, dans le but de former une ligne droite des mains jusqu'au pied droit **c**.

4   Ici , prenez quelques respirations profondes, en gardant l'équilibre. Quand vous êtes prêt, sortez de la posture et répétez de l'autre côté.

CONSEILS

*   Si vous trouvez cette posture difficile, commencez en ne vous penchant qu'à moitié dans la position. Vous gagnerez vite en confiance et en équilibre, ce qui vous permettra de maîtriser la posture.

*   Gardez le regard sur un point fixe au niveau du plancher devant vous. Cela vous aidera à rester concentré et en équilibre.

*   Pensez encore à l'allongement de tout le corps ; imaginez que vos bras et la jambe qui travaille sont tirés dans des directions opposées.

POSTURES SOUS ET SUR LE BALLON

Les postures suivantes utilisent le ballon d'une façon un peu différente. On l'utilisera pour s'asseoir, rouler dessus, le soulever et modifier certaines postures de yoga traditionnelles. Mettez-vous à l'épreuve avec chacune des postures, mais découvrez ce à quoi référait Bouddha quand il parlait de la « voie du milieu » : un compromis entre la mise au défi et le confort. Vous seul connaissez votre corps ; par conséquent, faites ce qui est bon pour vous. Utilisez le ballon comme support quand c'est nécessaire, ou comme outil pour augmenter l'intensité si cela est préférable. Une fois encore, tenez chaque posture aussi longtemps que cela est bon pour vous, tout en respirant profondément tout au long de l'exercice.

POSTURE DU TEMPLE

 DANS QUEL BUT ? Étirer les muscles internes des cuisses et relâcher les hanches. Cet exercice est aussi une bonne occasion d'assurer votre équilibre sur le ballon.

1 (a) Commencez assis sur le ballon, les jambes très écartées, les genoux et les pieds tournés à un angle de 45° vers l'extérieur.

2 (b) Joignez les paumes des mains en position de prière, puis poussez les hanches vers l'avant sur le ballon, en accentuant l'étirement. Prenez quelques respirations ici, aussi longtemps que vous êtes confortable.

CONSEILS

- Votre poids devrait être exactement à l'avant du ballon pour vous permettre d'ouvrir pleinement les hanches, aussi loin que le permet votre souplesse.

- Contractez les muscles profonds et concentrez-vous sur un point fixe devant vous afin de rester en équilibre sur le ballon.

POSTURE DE L'ÉVENTAIL

? **DANS QUEL BUT ?** Étirer la poitrine, les épaules et le haut du dos. Cette posture vous donne vraiment une impression d'ouverture des poumons.

1 Commencez assis sur le ballon, les pieds largement écartés. Placez les mains sur le sol entre les pieds et relaxez le corps, penché vers l'avant. Assurez-vous que les hanches sont directement alignées sur la ligne des pieds tout au long de la posture.

2 **b** Poussez-vous vers l'arrière sur le ballon, en étendant les jambes aussi loin que possible, et tendez les bras afin que le corps soit parallèle au plancher.

3 **c** Ajustez la main droite pour qu'elle soit directement sous le nez, puis tendez la main gauche vers le plafond, en regardant vos doigts.

4 Prenez quelques respirations profondes dans cette position, puis relaxez, les deux bras sur le plancher, avant de répéter de l'autre côté.

CONSEILS

- Connectez-vous aux muscles profonds en tirant le nombril vers la colonne vertébrale. Cela soutiendra la colonne vertébrale tout au long de la rotation.

- Pensez d'ouvrir la poitrine et de la lever vers le plafond.

a

b

c

POSTURE DE L'ARBRE

 DANS QUEL BUT ? Cette posture améliorera votre équilibre sur le ballon, tout en tonifiant et renforçant les muscles de la jambe qui supporte.

1 **a** Commencez assis sur le ballon, les pieds écartés à la largeur des hanches et les bras relaxés de chaque côté du corps.

2 **b** Levez ensuite le pied droit du plancher et mettez la plante du pied contre la cheville gauche.

3 **c** Tout en gardant votre équilibre, levez en douceur les bras vers le plafond, puis ramenez-les vers le bas devant la poitrine, dans la posture de la prière.

4 Prenez quelques respirations dans cette position, puis répétez avec l'autre jambe.

HAUSSER LE NIVEAU

1 Répétez l'étape 1, comme précédemment.
2 Levez le pied droit du plancher et placez la plante du pied contre le genou gauche. Levez ensuite les bras pour terminer le mouvement dans la posture de la prière, comme précédemment.
3 Répétez l'étape 4 comme précédemment.

CONSEILS

- Concentrez-vous sur un point fixe devant vous pour aider à garder l'équilibre.

- Quand vous êtes en position, assurez-vous que la colonne vertébrale est étirée plutôt qu'arrondie.

- Si nécessaire, gardez les bras de chaque côté jusqu'à ce que vous ayez plus confiance en votre capacité de garder l'équilibre.

LA POSTURE DU CORBEAU

> **?** **DANS QUEL BUT?** Cette posture est bonne pour stimuler le corps après avoir été assis pendant un certain temps ; elle offre aussi un étirement intéressant pour la région des hanches et des fesses.

1 **a** Commencez assis sur le ballon, les pieds écartés à la largeur des hanches et les genoux pliés. Posez légèrement les mains sur le ballon pour vous soutenir.

2 **b** Marchez en laissant le ballon remonter votre colonne vertébrale. Arrêtez quand il se trouve sous le bas du dos. Laissez tomber les hanches vers le plancher et entourez le ballon avec les bras derrière vous.

3 **c** Soulevez ensuite les hanches et allongez-vous dans la posture de la table.

4 Gardez la posture tout en prenant quelques respirations profondes.

CONSEILS

- Alignez les épaules, les hanches et les genoux quand vous êtes dans la posture du corbeau.
- Alignez aussi les genoux directement sur les chevilles.

LE CHAT

> **?** **DANS QUEL BUT ?** Cet exercice est un fantastique exercice d'échauffement pour la colonne vertébrale, excellent pour libérer toute tension accumulée. C'est aussi un exercice vraiment utile pour pratiquer la coordination de la respiration et du mouvement, car le mouvement donne tout son sens au rythme respiratoire.

1   **ⓐ** Commencez sur les mains et les genoux, à plat ventre sur le ballon.

2   **ⓑ** Expirez en courbant la colonne vertébrale et en laissant tomber la tête vers l'avant..

3   **ⓒ** Inspirez en relevant la tête et en cambrant légèrement le bas du dos.

4   Alternez ces deux mouvements 6 à 8 fois, ou aussi longtemps que vous vous sentez confortable.

CONSEILS

*   Assurez-vous que les genoux sont directement sous les hanches et les mains, sous les épaules.
*   Rythmez mouvements et respiration, en essayant d'allonger la respiration autant que possible.
*   Utilisez le ballon pour vous courber et vous pousser quand le torse bouge.

ENFILER L'AIGUILLE

? **DANS QUEL BUT ?** Cet exercice est un fantastique étirement pour le haut du dos et les épaules.

1   Commencez à genoux devant le ballon, les mains posées légèrement sur le dessus.

2 **b** Roulez le ballon devant vous jusqu'à ce que les bras soient tendus et le torse parallèle au plancher.

3 **c** Glissez le bras droit sous le corps aussi loin que possible tout en demeurant confortable, en permettant une torsion du haut du dos.

4 Gardez la posture, tout en prenant quelques respirations profondes, puis relâchez. Répétez de l'autre côté.

CONSEILS

- Avant de commencer, assurez-vous que les genoux sont alignés sur les hanches.
- Gardez le dos en position d'extension quand vous glissez le bras en dessous de vous.
- Tournez-vous pour regarder sous le bras, en gardant le cou aligné avec le reste de la colonne vertébrale.

LE CHIEN PENCHÉ

? DANS QUEL BUT ? Renforcer les muscles de la poitrine, des bras, des épaules et des cuisses, ainsi qu'étirer la poitrine, les épaules et l'arrière des jambes. Cela facilitera l'allongement par la colonne vertébrale.

1 **a** Commencez sur les mains et les genoux, à plat ventre sur le ballon.

2 **b** Courbez les orteils et poussez le derrière vers le plafond en tendant les jambes. Poussez les talons vers le plancher et la poitrine dans le ballon.

3 **c** Gardez la posture le temps de quelques respirations, jusqu'à ce que vous ayez besoin de relaxer.

CONSEILS

- Gardez la colonne vertébrale allongée.

- Conservez une impression d'allongement dans les jambes, en poussant les talons dans le plancher.

- Imaginez qu'une main exerce une pression entre les omoplates. Cela devrait aider la poitrine à s'enfoncer dans le ballon.

POSTURE DU BATEAU

?   **DANS QUEL BUT ?** Renforcer et tonifier les muscles abdominaux.

1   Commencez assis sur le plancher, les pieds posés sur le ballon et les mains sur le plancher, tout juste derrière les fesses.

2   **b** Placez ensuite les pieds de chaque côté du ballon, le saisissant entre les chevilles. Levez les bras, tendez-les vers les pieds et inclinez le torse à l'arrière afin de vous éloigner du ballon.

3   Gardez la posture le temps de quelques respirations, puis détendez-vous.

≡ HAUSSER LE NIVEAU

1   Répétez l'étape 1, comme précédemment.

2   Répétez l'étape 2 mais, cette fois, soulevez le ballon du plancher jusqu'à ce que les pieds soient au niveau des genoux.

3   Répétez l'étape 3 comme précédemment.

CONSEILS

- Ne laissez pas la colonne vertébrale se cambrer quand vous inclinez le torse.

- Si vous désirez hausser d'un cran le niveau de cette posture, essayez de tendre les jambes une fois qu'elles sont soulevées du plancher.

LE COBRA

? DANS QUEL BUT? Cette posture est excellente pour augmenter la souplesse de la colonne vertébrale et ouvrir la poitrine, les épaules et la gorge. Elle est aussi utile pour améliorer la posture.

1 **a** Commencez sur les mains et les genoux, à plat ventre sur le ballon.

2 **b** Posez les mains sur le ballon, courbez les orteils sous vous, contractez les muscles profonds, puis soulevez le torse du ballon.

3 Gardez la posture le temps de quelques respirations profondes, puis détendez-vous en revenant à la position de départ.

CONSEILS
- Gardez les muscles profonds contractés tout au long de l'exercice, en évitant de trop arquer le bas du dos.
- Pensez à soulever la poitrine vers le plafond, ce qui donne une impression d'ouverture.

 HAUSSER LE NIVEAU

1 Répétez l'étape 1, comme précédemment.
2 **c** Répétez l'étape 2 mais, cette fois, tendez complètement les jambes.
3 Répétez l'étape 3 comme précédemment.

POSTURE DE LA CHANDELLE

? DANS QUEL BUT ? Renforcer les muscles abdominaux ainsi qu'améliorer l'équilibre.

1 **a** Commencez allongé sur le dos, les genoux pliés, les pieds à plat sur le plancher, en tenant le ballon entre les chevilles.

2 **b** Inspirez pour vous préparer puis, en expirant, soulevez les pieds du sol, ramenant les genoux vers la poitrine.

3 **c** Placez les mains en dessous de vous sur les os des hanches et laissez-les vous soutenir pendant que vous soulevez les hanches du plancher pour les amener directement au-dessus des coudes.

4 Essayez de tenir cette posture le temps de quelques respirations, puis redescendez en douceur.

CONSEILS

- Assurez-vous de ne mettre aucun poids sur le cou.
- Le ballon devrait être aligné au-dessus de la poitrine.

PLANCHE LATÉRALE

? DANS QUEL BUT ? Voici une posture solide qui permet d'augmenter la force des muscles profonds et d'améliorer l'équilibre.

1 **a** Commencez à genoux, le ballon à votre droite.

2 **b** Étendez le bras droit au-dessus du ballon et glissez la main sur le plancher. Une fois cela fait, tendez la jambe gauche sur le côté.

3 **c** Tendez le bras gauche vers le plafond et étendez la jambe droite, en joignant les pieds. Levez les yeux vers votre bras tendu.

4 Gardez cette posture le temps de quelques respirations.

CONSEILS

- Essayez d'intégrer le corps en un tout solide. Si une partie du corps relaxe, vous commencerez à vaciller !

- Faites en sorte qu'un surplus de tension ne s'insinue dans le cou.

PLANCHE RENVERSÉE

? DANS QUEL BUT ? Voici une posture plus avancée, bonne pour développer la stabilité des muscles profonds tout en renforçant les bras et les épaules.

1 Commencez assis sur le plancher, les pieds au repos sur le dessus du ballon, les genoux légèrement pliés et les mains sur le sol derrière vous, les doigts pointant à l'opposé du corps.

2 **b** Inspirez en soulevant les fesses à quelques centimètres du plancher.

3 Gardez cette posture le temps de quelques respirations.

HAUSSER LE NIVEAU

1 Répétez l'étape 1, comme précédemment.

2 **c** En expirant, soulevez les fesses du sol jusqu'à ce que le corps soit rectiligne, parallèle au plancher.

3 Gardez la posture le temps de quelques respirations profondes.

CONSEILS

- Gardez les muscles profonds contractés tout en tenant la posture.

- Assurez-vous que le poids du corps est distribué également entre les mains.

- Gardez le cou aligné avec le reste de la colonne vertébrale, le menton levé, en retrait de la poitrine.

POSTURE DE L'ARC

 DANS QUEL BUT ? Renforcer le bas du dos et les fesses ainsi qu'offrir un bel étirement à la poitrine et au devant des cuisses.

1 **ⓐ** Commencez couché à plat ventre sur le sol, le ballon tenu entre les chevilles. Les bras sont relaxés de chaque côté du corps.

2 **ⓑ** Contractez les muscles profonds et expirez en soulevant le haut du corps du sol et tendant les bras derrière vous. Tout en pliant les genoux, amenez le ballon près des fesses.

3 Gardez la posture en prenant quelques respirations profondes, puis détendez-vous.

CONSEILS

- Gardez les muscles profonds contractés tout au long de l'exercice pour éviter de trop cambrer le dos.

- Gardez l'arrière du cou allongé pour maintenir l'alignement avec le reste de la colonne vertébrale.

- Essayez de ne pas laisser la respiration devenir courte ou laborieuse.

ⓐ
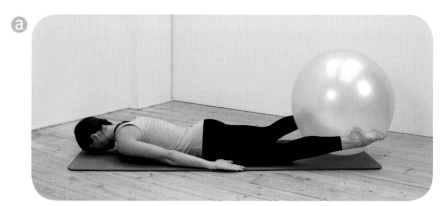

ⓑ

POSTURES DE RELAXATION

Ces postures offrent un repos après l'activité physique. On peut les exécuter comme détente à la fin d'une séance de yoga, ou comme une chance de relaxer et d'améliorer la clarté mentale. Les postures peuvent aussi être utilisées tout au long de votre séance, dès qu'un repos est nécessaire. Dans ces postures, prenez le temps de profiter des sensations qu'elles procurent et de vous concentrer sur votre respiration.

Si vous désirez que votre relaxation évolue vers une véritable méditation, consultez les exercices de méditation du Chapitre 9, pages 270 à 275. Si vous désirez plus d'étirements spécifiques des muscles pour augmenter la souplesse, consultez le Chapitre 6, pages 198 à 217.

POSTURE DE L'ENFANT

? DANS QUEL BUT ? Voici une version modifiée d'une posture très courante de relaxation avec le ballon. Cette position est excellente pour libérer les tensions de la colonne vertébrale et du corps entier. C'est la position que, enfant, nous avons peut-être adoptée quand nous avions besoin de réconfort.

1   Commencez à genoux sur le plancher devant le ballon. Détendez-vous en vous penchant vers l'avant et laissant le corps envelopper le ballon. Ajustez les jambes afin que les genoux soient écartés et que les pieds se touchent.

2   Restez détendu dans cette position, en vous laissant bercer d'avant en arrière sur le ballon pour ajuster la position si vous le désirez. Restez détendu aussi longtemps que nécessaire.

CONSEILS

- Laissez le corps se mouler au ballon de la manière qui vous semble la plus appropriée et la plus confortable.
- Concentrez-vous sur la respiration quand vous êtes dans cette position, en laissant les tensions s'évacuer.

POSTURE DU CADAVRE

 DANS QUEL BUT ? Voici la posture de la restauration fondamentale utilisée pour la détente et le rajeunissement profond. Très souvent, cette posture clôt votre séance.

1   **a** Commencez couché sur le dos, les talons posés sur le dessus du ballon, les bras relaxés de chaque côté du corps.

2   Concentrez-vous sur votre respiration, en prenant de profondes respirations diaphragmatiques.

3   Gardez la posture aussi longtemps que votre horaire vous le permet.

CONSEIL

• Laissez le corps se détendre complètement dans cette position, afin qu'une tranquillité totale l'habite.

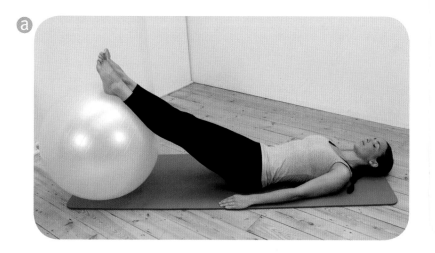

CHAPITRE SIX

ÉTIREMENTS AVEC LE BALLON

INTRODUCTION

Je trouve que l'étirement est la manière la plus merveilleusement satisfaisante de libérer les tensions du corps. J'adore la sensation légèrement inconfortable de la tension musculaire quand je débute un étirement et, ensuite, comment le muscle s'étire tel un bout d'élastique et que la douleur commence à se dissiper. Ajoutez un ballon au mélange et vous avez quelque chose de ferme et pourtant confortable pour vous étaler dans toutes les directions, vous offrant plus de façons de vous étirer que jamais. Vous pouvez utiliser le roulement du ballon pour entrer ou sortir gracieusement d'une posture, ainsi que pour contrôler facilement l'intensité de votre étirement.

Je suis constamment surprise qu'autant de gens semblent négliger cet élément important et agréable de leur entraînement sportif ou physique. Quand j'ai demandé à des clients personnels pourquoi il en était ainsi, il semble que beaucoup de gens pensent que l'étirement ne peut offrir de véritables bienfaits, car ce n'est pas un élément de l'entraînement qui les essouffle ou les fait suer.

L'étirement est un élément important de tout programme. Non seulement devrait-il être utilisé pour améliorer votre souplesse et maintenir votre mobilité à un âge avancé, mais il devrait aussi faire partie de votre routine d'échauffement pour minimiser les risques de blessure, ainsi que de votre routine de détente à la fin de chaque séance d'entraînement pour réduire la douleur musculaire causée par les exercices.

Il y a trois types principaux d'étirements; vous devrez choisir le bon type d'étirement selon que vous vous échauffez, vous vous détendez ou tentiez d'améliorer votre souplesse.

ÉTIREMENTS STATIQUES

L'étirement statique est surtout utilisé pour conserver la souplesse. Il consiste à s'étirer et tenir la posture durant un temps prédéterminé – habituellement 10 à 20 secondes. Si vous respirez profondément et relaxez dans l'étirement, vous découvrirez que, après 15 secondes, vos muscles se détendent, alors que l'inhibiteur naturel du corps n'agit plus. Vous sentez que vous pouvez tout à coup bouger un peu plus en profondeur dans la position.

ÉTIREMENTS DÉVELOPPEMENTAUX

C'est le même étirement que l'étirement statique, sauf que le but est d'augmenter la souplesse. Par conséquent, chaque étirement est tenu plus longtemps – habituellement 30 à 60 secondes –, ce qui donne aux muscles le temps de relaxer, puis de s'étendre. L'étirement développemental peut aussi être exécuté avec l'aide d'une autre personne – ce qu'on appelle parfois l'étirement assisté. Votre aide peut graduellement exercer une pression sur le muscle, aidant à augmenter son étirement. Cela doit être fait avec soin, en communication continue avec la personne qui est étirée!

ÉTIREMENTS DYNAMIQUES

D'ordinaire, ce type d'étirement fait partie d'une routine d'échauffement. Le but n'est pas d'augmenter la souplesse, mais de préparer les muscles au travail à venir, ainsi qu'à mobiliser les articulations. Certains exemples de ce type d'étirement seraient les cercles avec les bras, les balancements ou les fentes avec les jambes. Le but serait d'augmenter graduelle-ment la variété de mouvements après 10 à 15 répétitions. Ce type d'étirement est exécuté à un rythme régulier afin que la fréquence cardiaque reste élevée et les muscles, chauds. Vous trouverez ces exercices dans la section sur l'échauffement au Chapitre 1, aux pages 28 à 47.

S'ÉTIRER POUR UN AVENIR PLUS LUMINEUX

Il y a une dernière raison très importante pour laquelle vous devriez intégrer l'étirement à votre routine. Ses bienfaits vous accompagneront dans vos dernières années de vie et peuvent avoir un effet incroyable sur votre qualité de vie. Quand on songe aux défis qu'affrontent les personnes âgées, on découvre assez souvent que le plus crucial est la perte d'auto-nomie due à une mobilité et une souplesse réduites. Cela peut avoir un effet dévastateur, diminuant la confiance en soi et entraînant un sentiment d'impuissance.

Le problème est que, une fois qu'on cesse d'accomplir cer-taines tâches physiques par soi-même, on perd rapidement de la force et de la mobilité et on se retrouve dans une spirale descendante accélérée. Le secret, c'est, autant que possible, de garder confiance dans sa condition physique fonctionnelle. Nous pouvons augmenter nos chances en voyant à rester mobile et souple, ce qui nous aide à accomplir les tâches quotidiennes.

Le ballon se range facilement dans un coin de la pièce et il est fantastique de le sortir en regardant votre téléroman pré-féré pour profiter de quelques étirements. Il n'y a jamais eu de manière plus facile d'inclure cette pratique dans votre vie.

ÉTIREMENTS DU HAUT DU CORPS

FLEXION LATÉRALE AVEC LE BALLON

? **DANS QUEL BUT ?** Étirer le côté du corps, en utilisant le poids du ballon pour augmenter l'intensité.

1 Commencez debout, les pieds écartés à la largeur des hanches, en tenant le ballon au-dessus de la tête.

2 Penchez le corps vers la droite aussi loin que possible, en gardant les hanches bien droites vers l'avant.

3 Tenez l'étirement 20 secondes, puis revenez au centre. Répétez à gauche.

CONSEILS

- Pensez à grandir afin que le corps s'allonge quand vous vous penchez sur le côté. Vous pouvez vous allonger encore plus chaque fois que vous revenez au centre.

- Gardez les hanches et les épaules bien droites vers l'avant tout au long de la flexion.

- Essayez de garder le cou aligné avec le reste de la colonne vertébrale.

ÉTIREMENT DU CHAT DEBOUT

1 **a** Commencez debout, les pieds écartés à la largeur des hanches, le ballon sur le plancher devant vous et vos mains sur le ballon. Le dos devrait être à l'horizontale.

2 **b** Expirez en arrondissant le haut du dos, jusqu'à ce que vous sentiez un étirement jusqu'au bas de la colonne vertébrale.

3 Tenez l'étirement 10 secondes, puis relâchez pour reprendre la position de départ. Répétez 3 à 5 fois.

CONSEILS

- Ramenez la tête vers la poitrine en arrondissant le dos, afin que l'étirement se fasse jusqu'au haut du cou.
- Assurez-vous de revenir en position neutre de la colonne vertébrale entre chaque étirement.

a

b

ÉTIREMENT DU DOS DEBOUT

? **DANS QUEL BUT ?** Étirer les muscles des épaules et du haut du dos.

1 **a** Commencez debout, les pieds écartés à la largeur des hanches, le ballon sur le plancher devant vous. Placez la main droite sur le ballon avec le pouce vers le haut et la main gauche derrière le dos.

2 **b** De la main droite, faites rouler le ballon en l'éloignant de vous, puis faites-le rouler vers la gauche aussi loin que possible, tout en gardant les hanches bien droites vers l'avant.

3 Tenez l'étirement 10 secondes, puis répétez de l'autre côté.

CONSEILS

*   Gardez les hanches et les épaules bien droites vers l'avant. Le bras seul devrait bouger.
*   Gardez la colonne vertébrale en position horizontale tout au long de l'exercice.

ÉTIREMENT DES TRICEPS EN POSITION ASSISE

? **DANS QUEL BUT ?** Étirer les triceps à l'arrière des bras.

1 **a** Commencez assis sur le ballon, les pieds écartés à la largeur des hanches.

2 **b** Tendez le bras droit au-dessus de la tête, puis descendez la main vers le bas du dos, aussi loin que possible. Utilisez la main gauche pour exercer une pression sur le coude pour augmenter l'étirement.

3 Tenez l'étirement 10 secondes, puis répétez de l'autre côté.

CONSEILS

• Commencez assis bien droit et gardez la colonne vertébrale bien allongée tout au long de l'exercice.

• Si vous désirez augmenter un peu l'étirement, remontez le dos avec la main gauche et joignez les doigts à ceux de la main droite pour exercer une pression.

a

b

ÉTIREMENT DE LA POITRINE À GENOUX

? **DANS QUEL BUT ?** Un excellent étirement pour la poitrine et les épaules. Utilisez le roulement du ballon pour ajuster l'intensité qui vous convient.

1 **a** Commencez agenouillé, les genoux écartés à la largeur des hanches, le ballon sur le plancher devant vous et les mains sur le dessus du ballon.

2 **b** Roulez le ballon jusqu'à ce que la colonne vertébrale soit allongée, puis poussez la poitrine vers le plancher.

3 Gardez l'étirement 20 secondes, puis détendez-vous.

CONSEILS

- Pensez à vous ouvrir par la poitrine et les épaules quand vous poussez la poitrine vers le sol.

- Gardez les muscles profonds contractés pour éviter de trop cambrer la colonne vertébrale en vous étirant.

ÉTIREMENT DE LA POITRINE EN POSITION COUCHÉE

 DANS QUEL BUT ? Voici un de mes exercices d'étirement préférés sur le ballon. Il donne une véritable impression d'ouverture dans la poitrine et vous laisse avec le sentiment d'être réénergisé.

1 **ⓐ** Commencez assis sur le ballon, les pieds écartés à la largeur des hanches.

2 **ⓑ** Marchez en laissant le ballon remonter votre colonne vertébrale.

3 **ⓒ** Laissez tomber les hanches vers le plancher et posez l'arrière de la tête sur le ballon.

4 **ⓓ** Ensuite, tout en gardant cette position, roulez-vous légèrement vers l'arrière sur le ballon jusqu'à ce que votre poitrine soit face au plafond. Ouvrez les bras sur les côtés.

5 Tenez l'étirement 20 secondes et inversez la séquence pour sortir de la position.

CONSEIL

- Si vous voulez augmenter encore plus l'étirement, vous pouvez tenir de légers haltères dans les mains pour ajouter de l'intensité à l'étirement dans la poitrine.

ⓐ

ⓑ

ⓒ

ⓓ

TORSION DE LA COLONNE VERTÉBRALE

? **DANS QUEL BUT ?** Étirer le bas du dos, augmenter la flexibilité.

1   Commencez couché sur le dos, le ballon sur le plancher et les jambes reposant sur le dessus du ballon. Gardez les bras en croix, relaxés.

2 **b** Laissez les genoux rouler sur le côté droit aussi loin que possible, en gardant les deux épaules appuyées contre le plancher.

3 Gardez l'étirement pendant aussi longtemps que vous êtes confortable – jusqu'à une minute, puis revenez au centre. Répétez de l'autre côté.

CONSEILS

- Contrôlez le mouvement quand les genoux basculent sur le côté. Vous pouvez utiliser le ballon pour rouler les jambes et revenir à la position initiale.

- Regardez vers la main gauche quand les jambes roulent à droite pour augmenter l'étirement de la colonne vertébrale. Regardez à droite quand les jambes roulent à gauche.

ÉTIREMENTS DU BAS DU CORPS

ÉTIREMENT DES ISCHIO-JAMBIERS EN POSITION ASSISE

? DANS QUEL BUT ? Étirer et augmenter la souplesse des ischio-jambiers et étirer les muscles des mollets.

1 **ⓐ** Commencez assis sur le ballon, les pieds écartés à la largeur des hanches.

2 **ⓑ** Tendez la jambe droite en appui sur le talon, posez les mains sur la cuisse gauche et penchez ensuite le corps vers l'avant, en gardant la jambe droite étendue.

3 Gardez l'étirement 30 à 60 secondes. Répétez de l'autre côté.

CONSEILS

- Gardez la poitrine soulevée en vous penchant vers l'avant afin que la colonne vertébrale reste étirée.

- Gardez le genou légèrement relaxé ; ainsi, vous ne verrouillez pas l'articulation.

- Plus vous inclinez le corps, plus vous augmentez l'étirement.

ⓐ

ⓑ

ÉTIREMENT AVEC FENTE

> **?** **DANS QUEL BUT ?** Voici un étirement puissant pour les muscles fléchisseurs de la hanche et le devant des cuisses. Utilisez le ballon pour y transférer une partie du poids si nécessaire.

1 Commencez debout, le ballon sur le plancher devant vous et les mains sur le dessus du ballon.

2 Avec le pied gauche, faites un pas à gauche du ballon et, avec la jambe droite, exécutez une fente vers l'arrière, en dirigeant le ballon afin qu'il soit sous votre hanche droite.

3 Tenez l'étirement jusqu'à 20 secondes. Répétez de l'autre côté.

CONSEILS

- Assurez-vous que l'arrière de la jambe est tendu quand vous êtes en position de fente.
- Utilisez le ballon sous la hanche autant ou aussi peu que nécessaire.
- Si vous voulez augmenter l'intensité de l'étirement, roulez le ballon plus à l'avant du corps, afin qu'il soit sous votre torse.

ÉTIREMENT DES HANCHES ET DES FESSES

? **DANS QUEL BUT ?** Étirer les muscles rotateurs des hanches et les fesses.

1 Commencez assis sur le ballon, les pieds écartés à la largeur des hanches.

2 **b** Marchez vers l'avant, en laissant le ballon remonter la colonne vertébrale.

3 **c** Croisez la cheville droite sur le genou gauche, puis laissez tomber les hanches vers le sol en augmentant l'étirement aussi loin que possible.

4 Tenez 20 secondes. Inversez la séquence pour sortir de la position. Répétez de l'autre côté.

CONSEIL

- Plus vous laissez tomber les hanches vers le sol, plus vous augmentez l'intensité de l'étirement. Ajustez votre position afin que votre corps soit confortable.

a

b

c

ÉTIREMENT DE L'INTÉRIEUR DE LA CUISSE À GENOUX

? **DANS QUEL BUT ?** Voici un fantastique étirement de l'intérieur de la cuisse facilité par le roulement du ballon.

1 Commencez à genoux, le ballon à votre droite.

2 Placez la main gauche sur le sol devant vous et le ballon sous le genou droit. Une fois en position, placez aussi la main droite sur le plancher.

3 Roulez le ballon en l'éloignant de vous et poussez les hanches vers le plancher aussi loin que la position demeure confortable. Tenez l'étirement 30 à 60 secondes. Répétez de l'autre côté.

CONSEILS

- Assurez-vous que le ballon s'éloigne de vous en un mouvement régulier. Ne vous laissez pas aller à rebondir dans cet étirement, car cela pourrait causer une élongation musculaire.

- Si vous désirez augmenter l'intensité de l'étirement, placez le ballon sous la hanche plutôt que sous le genou et roulez le ballon en l'éloignant de vous comme précédemment.

ÉTIREMENT DES QUADRICEPS À PLAT VENTRE

? **DANS QUEL BUT ?** Étirer les muscles antérieurs de la cuisse.

1 **a** Commencez sur les mains et les genoux, à plat ventre sur le ballon.

2 **b** Marchez en déplaçant le poids légèrement vers l'avant afin que le ballon soit sous vos hanches et que votre poids soit également réparti entre les mains et la demi-pointe des pieds.

3 **c** Ensuite, agrippez votre pied droit avec la main droite. Joignez les genoux et poussez les hanches vers le ballon.

4 Tenez cet étirement 20 secondes. Répétez avec l'autre jambe.

CONSEILS

- Vous devriez sentir cet étirement au bas de l'avant de la cuisse. Sinon, déplacez votre poids un peu vers l'avant sur le ballon et poussez les hanches dans le ballon.

- Si vous avez de la difficulté à atteindre le pied avec la main, vous pouvez utiliser une serviette pour donner une extension au bras ! Prenez une petite serviette et faites-en une boucle dont vous tiendrez les deux extrémités. Mettez le pied dans la boucle, puis tirez le pied vers le derrière de la même façon que précédemment.

ÉTIREMENT DE LA GRENOUILLE

? **DANS QUEL BUT ?** Étirer et augmenter la souplesse des muscles internes des cuisses.

1 **ⓐ** Commencez couché sur le dos, les bras étendus sur le côté ou en croix, les pieds sur le ballon, le dessous des pieds joint et les genoux retombant sur les côtés.

2 **ⓑ** Roulez le ballon vers vous, afin de rapprocher autant que possible les talons de vos fesses. Mettez ensuite les mains sur vos genoux et ouvrez-les plus vers l'extérieur, en augmentant l'étirement. Tenez une minute, ou aussi longtemps que désiré !

CONSEIL

· En fait, cet étirement est un excellent étirement dans lequel on s'installe et se détend quelque temps. Le poids des genoux augmentera peu à peu l'étirement avec la détente des muscles et le reste du corps peut simplement s'étaler sur le plancher.

ÉTIREMENT DE L'INTÉRIEUR DE LA CUISSE EN POSITION ASSISE

> **?** **DANS QUEL BUT ?** Voici un étirement plus intense pour les muscles intérieurs de la cuisse. Il fonctionne à merveille avec le ballon, car il vous permet de rouler en douceur vers l'intérieur et l'extérieur.

1 **a** Commencez assis sur le plancher, les jambes droites et largement écartées, le ballon au centre des jambes et les mains sur le dessus du ballon.

2 **b** En gardant les jambes droites, éloignez le ballon de vous en le roulant aussi loin que possible tout en demeurant confortable. Relaxez le haut du corps en vous penchant et abaissant la tête vers le plancher.

3 Tenez l'étirement 30 à 60 secondes, puis revenez à la position de départ.

CONSEILS

- Gardez les genoux pointés vers le plafond en roulant vers l'avant. Évitez de laisser les genoux s'incliner vers l'intérieur.
- Étirez-vous et, après 15 à 20 secondes, essayez de rouler le ballon un petit peu plus loin, en augmentant l'étirement.

ÉTIREMENT DES ISCHIO-JAMBIERS EN POSITION COUCHÉE

? **DANS QUEL BUT ?** Étirer et augmenter la flexibilité des ischio-jambiers.

1 **a** Commencez couché sur le dos, les genoux fléchis, les pieds à plat sur le sol et le ballon sur le ventre.

2 **b** Placez le ballon sur le genou gauche, puis amenez la jambe droite devant le ballon en la gardant étendue.

3 Tenez l'étirement 30 à 60 secondes en l'augmentant graduellement si possible. Répétez de l'autre côté.

CONSEIL

- Pour augmenter l'étirement, ajustez la position du ballon en le déplaçant un peu plus bas afin qu'il supporte la jambe. Au besoin, vous pouvez aussi utiliser les mains pour tirer le ballon vers vous.

ÉTIREMENTS DE TOUT LE CORPS

ENROULEMENT DE LA COLONNE VERTÉBRALE AVEC LE BALLON

? **DANS QUEL BUT ?** Cet étirement vise l'étirement de l'arrière des jambes ainsi que l'augmentation de la souplesse de la colonne vertébrale et du bas du dos. Il a aussi pour but le lâcher prise et l'abandon de tout le corps dans l'étirement. Le ballon vous aide vraiment à visualiser l'enroulement de la colonne vertébrale.

1 **ⓐ** Commencez debout, les pieds écartés à la largeur des hanches, en tenant le ballon tout juste sous le sternum.

2 **ⓑ** En commençant par la tête, enroulez-vous par la colonne vertébrale en laissant le ballon rouler vers le bas du corps entraînant la colonne vertébrale dans le mouvement. Continuez l'enroulement tant que la position demeure confortable.

3 Gardez l'étirement 30 à 60 secondes, puis déroulez-vous lentement jusqu'à la position debout, le ballon menant le mouvement.

CONSEIL

· Imaginez que vous travaillez chaque vertèbre quand vous vous enroulez. Tenez le ballon près de vous ; ralentissez dans les zones plus raides ou plus tendues.

ÉTREINTE DU BALLON

? DANS QUEL BUT ? Étirer les muscles du haut du dos et allonger la colonne vertébrale.

1 **a** Commencez sur les mains et les genoux, à plat ventre sur le ballon, puis descendez sur les coudes, en joignant les mains.

2 **b** Amenez les coudes vers l'intérieur, aussi près du ballon que possible ; relaxez la tête au-dessus des coudes en sentant un étirement dans la colonne vertébrale et le haut du dos.

3 Tenez l'étirement une minute, ou aussi longtemps que la position demeure confortable.

CONSEIL

• Roulez-vous sur le ballon un peu pour trouver la position où vous vous sentez le plus à l'aise pour étirer le corps. C'est une belle posture avec laquelle vous pouvez jouer à votre goût.

ÉTIREMENT LATÉRAL COUCHÉ SUR LE CÔTÉ

 DANS QUEL BUT ? Cet exercice offre un bel étirement de tout le côté du corps. Prenez vraiment plaisir à vous abandonner sur le ballon.

1 **a** Commencez à genoux, le ballon à votre droite.

2 **b** Étendez le bras droit sur le ballon, puis jusqu'au plancher. Tendez les jambes dans la position des ciseaux, la jambe gauche devant la jambe droite.

3 **c** Tendez les deux bras au-dessus de la tête afin que tout le corps soit en extension, depuis les mains jusqu'aux pieds.

4 Tenez l'étirement une minute, ou aussi longtemps que la position demeure confortable.

a

b

c

CONSEILS

- Tentez de garder les hanches et les épaules bien droites vers l'avant tout au long de l'étirement.

- Imaginez que vous êtes tiré dans des directions opposées des mains aux pieds, afin que, ainsi, tout votre corps soit pleinement allongé.

ÉTIREMENT DE TOUT LE CORPS

? **DANS QUEL BUT ?** Voici le plus fantastique étirement qui soit, et qui n'est possible que grâce à la rondeur du ballon. Amorcez-le en douceur jusqu'à ce que vous gagniez en confiance, car il exige une certaine maîtrise de l'équilibre !

1 **ⓐ** Commencez assis sur le ballon, les pieds écartés à la largeur des hanches.

2 **ⓑ** Marchez vers l'avant, laissant le ballon remonter la colonne vertébrale. Arrêtez quand le ballon est sous le bas du dos.

3 **ⓒ** Laissez tomber les hanches vers le sol et posez l'arrière de la tête sur le ballon.

4 **ⓓ** Tendez ensuite les jambes, en vous poussant vers l'arrière jusqu'à ce que votre corps enveloppe complètement le dessus du ballon.

5 **ⓔ** Si possible, étendez les bras au-dessus de la tête.

6 Tenez l'étirement une minute, ou aussi longtemps que la position demeure confortable.

ⓐ

ⓑ

CONSEIL
- Pensez à vous allonger dans tout le corps, des doigts jusqu'aux orteils. Permettez-vous de vous détendre complètement dans cette position et de laisser toute tension s'éliminer.

CHAPITRE SEPT

BON DOS, BONNE POSTURE

INTRODUCTION

« Ne t'avachis pas ! Assois-toi droit ! » Vous vous rappelez probablement qu'on vous a répété *ad nauseam* **quelque chose du genre durant votre adolescence. Fait intéressant, quand nous commençons à marcher, nous avons naturellement une bonne posture ; nous savons comment nous pencher, ramasser un objet et nous relever correctement. Les petits enfants ne s'avachissent jamais. La mauvaise posture est une mauvaise habitude, que l'on s'inflige à cause de nos choix de modes de vie.**

Un nombre alarmant et croissant d'adultes souffrent de douleurs récurrentes au dos et au cou, causées par un stress inutile exercé sur la colonne vertébrale par une mauvaise posture ou des épaules arrondies, projetant une piètre image physique et diminuant l'estime de soi.

La posture est la position qu'on adopte quand on est debout, assis ou couché. La bonne posture est la position dans laquelle on exerce le moins de stress sur la colonne vertébrale, les articulations et les ligaments de soutien durant une activité qui implique de soulever un poids. Si nous n'adoptons pas une bonne posture, un stress anormal peut conduire, avec le temps, à des modifications structurales dans la colonne vertébrale, comme la dégénérescence des disques et des articulations, l'allongement ou le rétrécissement des ligaments et des muscles de soutien, ainsi que l'usure du cartilage. Tous ces changements structuraux peuvent entraîner des douleurs ou d'autres problèmes comme des maux de tête et des problèmes aux épaules.

Heureusement, on peut tous améliorer sa posture très facilement, bien que, si on a passé des années à se tenir de manière incorrecte, il y aura un peu de réapprentissage à faire. Avoir une bonne posture n'aide pas seulement à éviter les douleurs au dos ou au cou ; cela peut vous faire paraître plus mince, plus séduisant et c'est une véritable projection dans le monde extérieur de la manière dont nous nous percevons. En outre, la bonne posture améliore la respiration et la circulation, ce qui peut engendrer moins de cellulite et un meilleur fonctionnement global de l'organisme.

Dans ce chapitre, nous allons travailler à renforcer le dos et mobiliser la colonne vertébrale, particulièrement en travaillant

AVANTAGES DE LA BONNE POSTURE

- Garde les os et les articulations bien alignés, assurant l'utilisation correcte des muscles.
- Aide à prévenir les douleurs dorsales et musculaires.
- Aide à diminuer l'usure anormale de la surface des articulations qui peut entraîner l'arthrite.
- Réduit le stress sur les ligaments maintenant ensemble les articulations de la colonne vertébrale.
- Prévient la fatigue musculaire, car les muscles seront utilisés plus efficacement.
- Améliore la respiration.
- Améliore la circulation.
- Augmente l'énergie et aide le corps à travailler plus efficacement.
- Contribue à la bonne apparence.
- Augmente la confiance en soi et l'estime de soi.

sur les zones faibles et raides. Nous allons corriger votre posture pour contrer tout le temps passé incliné vers l'avant, penché devant l'ordinateur, sur la paperasse ou à conduire l'auto.

Si vous êtes affligé de douleur au dos, soyez prudent dans les exercices de rotation ou d'extension de la colonne vertébrale, car ils peuvent aggraver un mal existant. Bâtissez graduellement votre force ; écoutez votre corps et faites ce qui vous semble confortable.

POSTURE CORRECTE

DEBOUT

1 Mettez-vous debout, les pieds écartés à la largeur des hanches, les genoux légèrement relaxés afin de ne pas verrouiller les articulations des genoux à l'arrière.

2 Maintenez la petite courbure naturelle au bas du dos, mais évitez de trop cambrer le dos. Le coccyx devrait être légèrement ramené vers le bas. Une légère contraction des muscles abdominaux gardera la colonne vertébrale alignée.

3 Soulevez-vous depuis le sternum, en créant de l'espace entre la cage thoracique et les hanches. Cela déplacera automatiquement les omoplates vers le bas du dos.

4 Gardez le menton de niveau afin que la tête ne penche ni vers l'avant, ni vers l'arrière.

5 Centrez votre poids en vous balançant vers l'avant sur les orteils, puis vers l'arrière sur les talons, en réduisant graduellement le mouvement, jusqu'à ce que vous vous arrêtiez à l'endroit où vous vous sentez le plus centré et équilibré.

Posture debout correcte

Mauvaise posture 1

Mauvaise posture 2

ASSIS

Quand vous êtes assis sur un ballon, vous êtes assis activement, car vous devez garder certains muscles en action pour conserver l'équilibre et éviter de tomber. Il a été démontré que s'asseoir sur un ballon aide à la concentration ; il est aussi beaucoup plus difficile de s'affaler sur un ballon que sur une chaise. Essayez de remplacer la chaise de votre bureau de travail par votre ballon la prochaine fois que vous serez assis devant votre ordinateur.

1 Commencez assis sur le ballon, le dos droit et les épaules vers l'arrière.

2 Les pieds devraient être écartés à la largeur des hanches et à plat sur le plancher. Assurez-vous que le poids est réparti également entre les deux hanches et les pieds. Vos hanches devraient être de niveau avec vos genoux ou légèrement plus hautes.

3 Quand vous êtes assis, les courbes naturelles du bas du dos, du haut du dos et du cou devraient toutes être présentes mais, attention, ne cambrez pas trop le bas de la colonne vertébrale.

4 Pour vous aider à trouver la position neutre de la colonne vertébrale, basculez le bassin vers l'avant, puis vers l'arrière en réduisant graduellement le mouvement jusqu'à ce que vous fassiez une pause au centre.

5 Contractez légèrement les abdominaux pour affermir la position de la colonne vertébrale.

6 Évitez de vous asseoir dans la même position plus de 30 minutes sans prendre une pause.

Posture assise correcte

Mauvaise posture 1

Mauvaise posture 2

COUCHÉ

1   Quand vous êtes couché, la colonne vertébrale est plus confortable si on maintient la position neutre. La meilleure façon d'y arriver consiste à s'allonger sur le dos ou sur le côté, les genoux légèrement fléchis.

2   Évitez les matelas trop mous et évitez de dormir sur le ventre, particulièrement si vous avez déjà des maux de dos.

3   Votre oreiller devrait être placé sous la tête seulement – non sous vos épaules.

Position correcte 1

Position correcte 2

RENFORCEMENT

Les exercices qui suivent mettent à contribution les muscles du dos pour s'assurer que toute région faible est renforcée ou soutenue.

EXTENSIONS DORSALES SUR LE BALLON

 DANS QUEL BUT ? Renforcer les muscles du bas du dos. Si vous avez un trouble ou un mal sous-jacent au dos, vous devriez amorcer très délicatement cet exercice, ou l'éviter tout simplement s'il aggrave votre problème actuel.

1   ⓐ Commencez sur les mains et les genoux, à plat ventre sur le ballon. Ensuite, posez légèrement les mains sur le ballon.

2   ⓑ En gardant la tête alignée avec le reste de la colonne vertébrale, détachez le haut du corps du ballon.

3   Puis détendez le corps en ramenant le corps sur le ballon. Répétez 8 à 12 fois.

HAUSSER LE NIVEAU

1   Répétez l'étape 1, comme précédemment.
2   Ajustez ensuite votre poids afin que les jambes soient droites. Pour hausser encore plus le niveau, placez les mains derrière le dos ⓒ.
3   Répétez les étapes 2 et 3, comme précédemment.

CONSEILS

- Si vous avez les mains sur le ballon, assurez-vous que le contact est léger et ne les utilisez que pour aider à vous soulever du ballon.

- Gardez les muscles profonds contractés pour vous assurer de ne pas trop cambrer la colonne vertébrale.

- Au besoin, exécutez cet exercice les pieds contre un mur pour aider à garder l'équilibre.

EXTENSIONS DORSALES EN POSITION COUCHÉE

? DANS QUEL BUT ? Cet exercice est semblable au précédent et il fait travailler le bas du dos de la même manière. Toutefois, la position est plus éprouvante et le poids du ballon s'y ajoute.

1 **a** Commencez couché sur le ventre, le ballon placé sur le haut du dos et gardé en place avec les mains.

2 **b** En gardant la tête alignée avec le reste de la colonne vertébrale, soulevez le haut du corps de quelques centimètres du sol.

3 Détendez-vous en revenant à la position de départ.

4 Répétez les extensions 8 à 12 fois.

CONSEILS

- Ne vous soulevez qu'à une hauteur qui soit confortable.
- Maintenez la colonne vertébrale en extension et les muscles profonds contractés pour éviter de trop arquer le bas du dos.
- Restez concentré sur le plancher pour vous assurer que la tête demeure alignée avec le reste de la colonne vertébrale.
- Essayez de garder les muscles des jambes et des fesses relaxés tout au long de l'exercice pour vous assurer que c'est le dos qui travaille.

a

b

LEVERS DU BRAS ET DE LA JAMBE OPPOSÉS

? DANS QUEL BUT ? Tonifier les bras, le torse et l'arrière des jambes. Cet exercice sert aussi à pratiquer l'allongement de tout le corps et à apprendre à centrer son poids. Il fait suite à la version à genoux décrite page 146.

1 **a** Commencez sur les mains et les genoux, à plat ventre sur le ballon. Ajustez ensuite votre poids afin que le ballon se trouve sous les hanches et que le poids soit réparti également entre les mains et les pieds.

2 **b** Étendez le bras droit et la jambe gauche le long du plancher. Quand vous avez atteint votre limite d'extension, soulevez-les du sol jusqu'à ce qu'ils soient parallèles au plancher.

3 Gardez l'allongement du corps en ramenant le bras et la jambe à la position de départ.

4 Répétez de l'autre côté, puis encore 6 à 8 fois, en alternant les côtés.

a

b

CONSEILS

• Essayez de garder le poids centré dans le bassin tout au long de l'exercice. Vous ne devriez pas sentir d'oscillations d'un côté à l'autre quand vous alternez de jambe.

• Allongez le bras et la jambe seulement en position neutre pour éviter d'arquer le bas du dos. Gardez les muscles profonds contractés pour aider au maintien de la position de la colonne vertébrale.

PONT EN ÉQUILIBRE

 DANS QUEL BUT ? Renforcer les muscles profonds, éprouver la stabilité et favoriser l'allongement de la colonne vertébrale.

1 Commencez couché sur le dos, les pieds sur le ballon et les bras relaxés de chaque côté du corps.

2 Soulevez lentement le bassin du sol en enroulant une vertèbre à la fois jusqu'à ce que vous formiez une diagonale rectiligne des épaules aux pieds. Essayez de garder les omoplates tirées vers l'arrière et la poitrine soulevée tout au long de l'exercice.

3 En gardant le corps dans cette position, tendez les bras vers le plafond.

4 Ensuite, abaissez lentement les bras sur le côté droit, en gardant votre équilibre, puis amenez-les au centre et, ensuite, sur le côté gauche.

5 Répétez le mouvement des bras, à droite et à gauche, 4 à 6 fois, puis déroulez-vous lentement pour revenir à la position de départ.

CONSEILS

- Utilisez la contraction des muscles profonds pour verrouiller la colonne vertébrale en position diagonale. Cela aidera à garder l'équilibre.

- Fixez un point fixe devant vous pour aider à vous concentrer et maintenir l'équilibre.

ROULEMENTS LATÉRAUX DU BALLON CONTRE LE MUR

 DANS QUEL BUT ? Tonifier et renforcer le dos. Cet exercice est excellent aussi pour ouvrir la poitrine et les épaules.

Pour cet exercice, vous aurez besoin de trouver un mur assez large pour tenir compte de la largeur du ballon.

1 **ⓐ** Commencez debout de côté contre un mur, le ballon placé entre votre bras et le mur, le bras formant un angle droit avec le corps.

2 **ⓑ** Poussez sur le ballon pour créer une résistance, roulez le ballon vers le bas jusqu'à ce que le coude soit de niveau avec votre taille.

3 Ensuite, en roulant le ballon, revenez à votre position de départ.

4 Répétez les roulements 8 à 12 fois. Répétez de l'autre côté.

CONSEILS

* Songez à rapprocher les omoplates quand vous roulez le ballon vers le bas pour vraiment faire participer les muscles du dos.

* Gardez les épaules stables tout au long de l'exercice.

* Essayez de minimiser tout mouvement ailleurs dans le corps.

ÉQUILIBRE ASSIS SUR LE BALLON

> **DANS QUEL BUT ?** Voici un fantastique exercice pour éprouver l'allongement de la colonne vertébrale et le centrage du poids. Il renforcera les muscles profonds et améliorera l'équilibre.

1 Commencez assis sur le ballon, les pieds écartés à la largeur des hanches, les mains placées légèrement sur le ballon.

2 Soulevez les pieds du sol tout en gardant la colonne vertébrale allongée.

3 Gardez l'équilibre aussi longtemps que possible.

4 Si vous le désirez, ôtez les mains du ballon et tendez les bras en croix tout en gardant votre équilibre.

CONSEILS

- Fixez un point au niveau des yeux pour aider à garder l'équilibre sur le ballon.

- Utilisez les mains sur le ballon pour aider à vous équilibrer au début, jusqu'à ce que vous vous sentiez suffisamment en confiance pour les retirer.

- Allongez-vous par la couronne de la tête : imaginez qu'une corde vous tire vers le plafond.

- Contractez les muscles profonds pour vous aider à rester en équilibre et conserver la longueur de la colonne vertébrale.

MOBILITÉ

Les exercices qui suivent mettent l'emphase sur le maintien et l'amélioration de la mobilité de la colonne vertébrale. Soyez attentif à votre corps et veillez à vraiment travailler les zones que vous sentez particulièrement raides ou tendues, en ralentissant peut-être le mouvement à ces endroits pour leur accorder un peu d'attention supplémentaire.

ENROULEMENTS ASSIS VERS LE BAS

 DANS QUEL BUT ? Mobiliser la colonne vertébrale et découvrir votre centre de gravité sur le ballon. Un excellent exercice pour relâcher tous les endroits tendus dans la colonne vertébrale.

1  Commencez assis sur le ballon, les pieds écartés à la largeur des hanches et les bras relaxés de chaque côté.

2 En commençant avec la tête, enroulez-vous lentement par la colonne vertébrale aussi loin que votre souplesse le permettra.

3 Une fois au bout du mouvement, commencez à vous dérouler pour reprendre la position de départ en vous assurant que la tête arrive en dernier.

4 Répétez l'enroulement vers le bas 4 à 6 fois.

CONSEILS

- La tête mène le mouvement vers le bas et, ensuite, elle est la dernière partie du corps à revenir en haut.

- Assurez-vous de solliciter chaque vertèbre en vous enroulant vers le bas. Quand vous vous déroulez, visualisez que vous empilez les vertèbres l'une sur l'autre en reprenant la position assise.

- Exécutez l'exercice lentement et utilisez-le vraiment comme une occasion de masser toute la colonne vertébrale, en ralentissant encore plus à ces endroits que vous sentez raides ou tendus.

- Gardez les bras détendus tout au long du mouvement.

ENROULEMENTS AVEC ROTATION

 DANS QUEL BUT ? Faire des torsions et mobiliser la colonne vertébrale. Excellent pour insister sur la position neutre de la colonne vertébrale chaque fois que vous revenez vers l'avant.

1 Commencez assis sur le ballon, les pieds écartés à la largeur des hanches, les bras en croix.

2 Faites des torsions de la taille vers la droite, en gardant les hanches bien droites vers l'avant.

3 Tout en gardant la torsion de la colonne vertébrale, enroulez-vous vers le bas, aussi loin que vous le permet votre souplesse. Laissez les bras se détendre vers le bas.

4 Déroulez-vous pour revenir en position de torsion et remettez les bras en croix.

5 Revenez face vers l'avant, pour reprendre la position de départ.

6 Répétez de l'autre côté, puis alternez les répétitions 4 à 6 fois.

CONSEILS

- Commencez l'exercice en contractant les muscles profonds pour vous assurer de ne pas exagérer la torsion de la colonne vertébrale.

- Essayez de compléter tout l'exercice en un mouvement fluide, sans arrêts ni départs et en gardant une vitesse régulière du début à la fin.

SOULÈVEMENTS DE LA POITRINE

 DANS QUEL BUT ? Augmenter la souplesse et la force dans le haut du dos. C'est aussi un bel exercice pour ouvrir la poitrine.

1 **ⓐ** Commencez debout, les pieds écartés à la largeur des hanches, le ballon levé dans les airs, comme si vous vouliez atteindre la section opposée du plafond.

2 **ⓑ** Tout en gardant le ballon immobile, levez la tête et la poitrine vers le plafond. Assurez-vous de ne pas cambrer le bas du dos.

3 Gardez la position 10 secondes, puis détendez-vous. Répétez 6 fois.

CONSEILS

- Contractez les muscles profonds avant d'amorcer l'exercice. Cela stabilisera le bas de la colonne vertébrale et assurera que le mouvement vient du haut du dos.

- Imaginez qu'une corde est fixée au centre de votre sternum et qu'on vous soulève de ce point.

- Quand vous revenez au centre à la fin de l'exercice, essayez de garder l'impression d'ouverture de la poitrine que vous avez créée.

À BOUT DE BRAS

? **DANS QUEL BUT ?** Cet exercice est une pratique de l'extension et de l'enroulement de la colonne vertébrale. Il augmentera la force du bas du dos ainsi que la mobilité de toute la colonne vertébrale. C'est aussi un bon exercice pour les techniques de levage correctes – voir la section traitant du bon fonctionnement du corps à la page 236.

1 **(a)** Commencez debout, les pieds écartés à la largeur des hanches, le ballon levé dans les airs, au-dessus de votre tête.

2 **(b)** Contractez les muscles profonds, puis en gardant la colonne vertébrale étendue et les bras au-dessus de la tête, pliez à partir des hanches en penchant le torse vers le bas jusqu'à ce que le ballon soit dirigé vers le plancher. Allez aussi loin que vous le permet votre souplesse tout en gardant le dos plat.

3 **(c)** Une fois au plus bas de la position, détendez la colonne vertébrale et redressez-vous en vous déroulant, une vertèbre à la fois.

4 Répétez 4 à 6 fois.

CONSEILS

- Quand vous inclinez le corps dans la position du dos bien plat, essayez de garder le ballon, les épaules et les hanches alignés.

- Penchez-vous seulement aussi loin que vous le pouvez tout en maintenant le dos plat. Une fois atteint le maximum possible, détendez la colonne vertébrale en la laissant se cambrer, puis commencez à vous dérouler pour revenir à la position debout.

- Si nécessaire, vous pouvez plier légèrement les genoux durant l'exercice pour vous permettre une plus grande ampleur de mouvement.

OUVERTURE DE LA POITRINE

 DANS QUEL BUT ? Ouvrir toute la poitrine et l'avant des épaules ainsi qu'étirer le haut du dos. Excellent pour ceux qui ont tendance à arrondir les épaules ou se courber vers l'avant depuis le haut du dos.

1 **ⓐ** Commencez sur les mains et les genoux, à plat ventre sur le ballon. Marchez vers l'avant afin que le ballon se trouve sous vos hanches et que votre poids soit distribué également entre les mains et les pieds.

2 **ⓑ** Passez la main droite sous le bras gauche en tendant le bras droit aussi loin que possible, jusqu'à ce que vous sentiez un étirement dans le haut du dos.

3 **ⓒ** Ramenez ensuite le bras droit et allongez-le vers le plafond, puis vers l'arrière aussi loin que possible. Gardez les deux hanches en contact avec le ballon.

4 Répétez les étapes 2 et 3 de 4 à 6 fois. Puis reprenez l'exercice de l'autre côté.

CONSEILS

- Gardez les hanches bien en contact avec le ballon tout au long de l'exercice.
- Vous devriez sentir un étirement dans le haut du dos quand vous tendez un bras sous l'autre et un étirement dans la poitrine quand vous l'ouvrez.

ÉTIREMENT DE LA POITRINE

? DANS QUEL BUT ? Étirer et ouvrir la poitrine et les épaules. Excellent pour corriger la posture des épaules arrondies.

1 **ⓐ** Commencez à genoux, le ballon sur le plancher derrière vous. Penchez-vous délicatement vers l'arrière sur le ballon, afin que celui-ci se trouve tout juste sous vos omoplates.

2 **ⓑ** Tendez les bras vers l'arrière aussi loin que possible en soulevant la poitrine et le visage vers le plafond, jusqu'à ce que vous sentiez un étirement dans la poitrine et les épaules.

3 Gardez l'étirement aussi longtemps qu'il vous semble confortable, puis détendez-vous.

CONSEIL

- Ici, ce qu'il y a de fantastique avec le ballon, c'est que vous vous arquez à sa surface, ce qui vous permet de donner une position d'ouverture à votre poitrine. Tentez de conserver cette impression d'ouverture une fois que vous quittez le ballon.

LE BON FONCTIONNEMENT DU CORPS

Le bon fonctionnement du corps, ce sont les bonnes positions que le corps adopte quand vous accomplissez les tâches quotidiennes. Il est très important d'apprendre à bien utiliser la mécanique du corps dans la vie de tous les jours si vous voulez éviter, ou corriger, des douleurs dans le dos et le cou et améliorer votre posture.

Dès que le corps n'est plus en alignement neutre, vous exercez automatiquement un surplus de pression sur le dos; cependant, garder un bon alignement et utiliser un bon fonctionnement tout au long de vos routines quotidiennes peut aider à éliminer des problèmes inutiles. Travailler sur un ballon exerciseur peut déjà s'avérer utile, car l'entraînement physique fonctionnel est l'une de ses plus grandes forces. Vous pouvez aussi utiliser votre ballon pour vous aider à vous exercer en vue des situations suivantes.

LE TRAVAIL DEBOUT

- Essayez toujours de vous tenir à proximité de la tâche que vous exécutez. Par exemple, si vous repassez, tenez-vous près de la planche plutôt que de vous pencher vers l'avant.
- Si vous êtes debout sur place longtemps, tentez de modifier votre position en mettant un genou ou un pied sur quelque chose – le ballon convient parfaitement ici.

TECHNIQUES DE LEVAGE

- Essayez de ne pas soulever seul quoique ce soit de trop lourd (plus de la moitié de votre masse corporelle est une bonne mesure).
- Quand vous ramassez un objet, pliez les genoux et gardez le dos droit. Se pencher au niveau de la taille est ce qui exerce une pression inutile sur la colonne vertébrale.
- Assurez-vous d'être près de l'objet que vous voulez soulever, plutôt que de devoir vous étirer pour l'atteindre.

- Avant de soulever l'objet, contractez les muscles profonds.
- Une fois que vous tenez l'objet, gardez-le près de votre centre de gravité (nombril).
- Évitez les torsions de la taille quand vous tenez l'objet; tournez plutôt en déplaçant les pieds.
- Essayez de ne pas soulever un objet au-dessus de la taille, car cela augmentera la pression sur le bas du dos.
- Pratiquez le levage avec le ballon. C'est une excellente façon de maîtriser la technique tout en renforçant les muscles qui travaillent.

ASSIS DEVANT L'ORDINATEUR

- Quand vous êtes assis, assurez-vous que vos pieds sont à plat sur le sol et que vos genoux et vos hanches sont à la même hauteur. Sinon, vous devrez abaisser votre siège ou utiliser un repose-pieds. Vous pouvez aussi utiliser votre ballon comme siège, en ajustant la quantité d'air qu'il contient pour atteindre la bonne hauteur.
- Vous devriez vous asseoir droit, les muscles profonds contractés.
- Placez votre écran d'ordinateur à la bonne hauteur et directement devant vous afin que vous n'ayez pas à regarder vers le haut, le bas ou de côté.
- Veillez à ne pas rester trop longtemps dans la même position. Levez-vous, étirez-vous et bougez dès que possible.
- Faites double usage de votre siège ballon en l'utilisant pour vous étirer durant l'une de vos pauses.

CHAPITRE HUIT

GROSSESSE, ACCOUCHEMENT ET AU-DELÀ

INTRODUCTION

Mon fils aura quatre ans dans quelques semaines et, pourtant, il me semble que c'était hier que je m'assoyais sur mon ballon pour faire les exercices prénatals étonnée de voir combien, même durant la grossesse, le ballon avait tant à offrir. J'étais déjà convertie, mais beaucoup de femmes découvrent le ballon lors de leur grossesse, puis continuent de l'utiliser jusqu'à l'accouchement et comme outil d'exercices postnatals pour les aider à retrouver leur forme d'avant la grossesse.

Durant la grossesse, les exercices ne servent pas à augmenter le niveau de votre condition physique, mais à maintenir les niveaux actuels d'un corps dont la forme et la taille sont toujours mises à l'épreuve.

Tout au long de la grossesse, le ballon peut offrir un soulagement postural en même temps qu'une séance d'entraînement stimulante. Il permet des positions corporelles sécuritaires pour la mère et le bébé, ainsi que l'occasion de pratiquer les positions de l'accouchement, comme le squat avec soutien du ballon (plutôt qu'avec partenaire), le renforcement des muscles nécessaires à un accouchement plus actif et l'ouverture du bassin pour se préparer au grand jour. Le ballon fournit un endroit ferme tout autant que moelleux où s'asseoir, imposant une bonne posture et réduisant le risque d'élongation musculaire. Il garde en forme les muscles qui soutiennent la colonne vertébrale et offre une alternative à s'asseoir sur une chaise, ce qui devient de plus en plus inconfortable durant le dernier trimestre. S'asseoir sur le ballon durant les dernières semaines de grossesse aidera aussi le bébé à prendre la bonne position pour l'accouchement, réduisant potentiellement le temps de travail.

De plus en plus de femmes et de sages-femmes commencent à réaliser les avantages d'un accouchement plus actif durant le temps de travail. Cela vous donne la liberté de bouger durant le travail plutôt que de rester couchée sur le dos. Il a été démontré que cela réduit la durée du travail, les risques d'accouchement assisté et de déchirement, ainsi que les problèmes de fréquence cardiaque anormale chez le fœtus. Le ballon, appelé un « ballon de naissance » (ou de maternité) dans cet environnement, peut jouer un rôle crucial en offrant une alternative à être alitée. Il offre à la femme un choix de positions dans lesquelles elle peut garder le bassin mobile et ouvert, en lui donnant la liberté de changer de position pour l'aider à supporter la douleur des contractions. Bouger durant le travail aide à augmenter la circulation sanguine vers le placenta et prévient la souffrance fœtale.

Après l'accouchement, le ballon est un outil fantastique qui vous aidera à retrouver, en peu de temps, votre forme d'avant la grossesse. Vous pouvez commencer à exercer les muscles du plancher pelvien dès maintenant, même si vous devez attendre votre examen médical de la sixième semaine avant d'entreprendre une routine complète d'exercices (plus longtemps même si vous avez accouché par césarienne). Nous examinerons aussi des exercices à exécuter avec votre bébé et d'autres à faire durant ces rares moments où vous retrouvez seule.

BIENFAITS DE L'EXERCICE DURANT LA GROSSESSE

- Augmentation du bien-être mental et physique
- Réduction du risque de diabète gestationnel
- Réduction du risque d'hypertension gravidique
- Réduction du temps de travail
- Augmentation des chances de naissance naturelle, c'est-à-dire sans intervention
- Diminution du risque de perte de contrôle de la vessie durant et après la grossesse
- Plus de chances de retrouver rapidement sa silhouette d'avant la grossesse

RÈGLES DE SÉCURITÉ

- Consultez toujours votre médecin ou votre sage-femme avant de commencer tout programme d'exercices durant la grossesse.
- Enceinte, votre centre de gravité change, augmentant le risque de perdre l'équilibre. Essayez d'utiliser un ballon un peu plus gros et un peu moins gonflé afin d'avoir une base de support plus stable.
- Avec la progression de la grossesse, le taux de relaxine, une hormone, augmentera dans votre corps, amollissant les tissus conjonctifs en vue de l'accouchement. Cela signifie que vous devrez être beaucoup plus prudente en étirant les articulations, car le risque de blessure s'accroît. La relaxine peut demeurer dans votre organisme jusqu'à cinq mois après l'accouchement.
- Après le premier trimestre, il n'est pas conseillé de vous coucher à plat sur le dos plus de 30 secondes.
- Évitez les exercices à fort impact, très intenses, et écoutez toujours votre corps ; si vous vous sentez inconfortable, arrêtez.

EXERCICES PRÉNATALS

BERCEMENTS LATÉRAUX SUR LE BALLON

? **DANS QUEL BUT ?** Ouvrir le bassin et fortifier les jambes.

1 **a** Commencez assise à l'avant du ballon, les jambes largement écartées et tournées vers l'extérieur depuis les hanches. Gardez les mains sur le ballon derrière vous pour vous soutenir.

2 **b** Roulez lentement vers la droite, en pliant le genou droit aussi loin que ce soit confortable.

3 Roulez ensuite lentement complètement vers la gauche.

4 Continuez de rouler d'un côté à l'autre 8 à 10 fois.

CONSEILS

- Gardez votre derrière à l'avant du ballon pour avoir une impression d'ouverture dans les hanches et le bassin.

- Gardez le mouvement sous contrôle tout au long de l'exercice.

a

b

ÉTIREMENT DU CHAT À GENOUX

 DANS QUEL BUT ? Libérer la tension dans la colonne vertébrale. Un excellent exercice pour éliminer instantanément la pression !

1 **a** Commencez à genoux, le ballon sur le plancher devant vous, les bras sur le ballon.

2 **b** Expirez en arrondissant, de bas en haut, la colonne vertébrale et le cou.

3 Inspirez en revenant en position neutre de la colonne vertébrale.

4 Répétez l'étirement du chat 4 à 6 fois.

CONSEILS

- Ne cambrez pas le dos quand vous revenez en position neutre, car le poids du bébé pourrait ajouter trop de pression au bas du dos.

- Donnez moins d'ampleur au mouvement, si nécessaire.

CERCLES AVEC LE BASSIN

 DANS QUEL BUT ? Relâcher les hanches et libérer les tensions au bas du dos.

1   Commencez assise sur le ballon, les pieds écartés à la largeur des hanches et les mains touchant légèrement les côtés du ballon pour vous supporter.

2   Commencez le cercle des hanches par la droite, en les poussant d'abord vers l'avant, puis vers le côté et, ensuite, vers l'arrière pour revenir au centre.

3   Tracez maintenant le cercle par la gauche.

4   Faites 4 à 6 cercles, en alternant les côtés.

CONSEILS

*   Gardez le mouvement régulier et sous contrôle.

*   Évitez de faire un mouvement trop ample. Gardez-le confortable pour vous et pour votre bébé.

FLEXION AVANT AVEC JAMBES ÉCARTÉES

 DANS QUEL BUT ? Mobiliser la colonne vertébrale et ouvrir les hanches et le bassin.

1 **ⓐ** Commencez assise sur le ballon, les jambes écartées et orientées vers l'extérieur depuis les hanches.

2 **ⓑ** Enroulez-vous vers l'avant, en commençant par la tête, aussi loin que votre derrière vous le permet. Au besoin, posez les coudes sur les genoux pour vous supporter ; sinon, mettez les mains sur le plancher.

3 Gardez la position quelques secondes, puis déroulez-vous pour revenir à la position de départ.

4 Répétez l'enroulement 3 à 4 fois.

CONSEILS

- Écoutez votre corps et ne dépassez pas la zone de confort.
- Vous pouvez sentir le besoin de vous déplacer vers l'avant du ballon pour accommoder le derrière quand vous vous penchez entre vos jambes.

POMPES AU MUR

1   ⓐ Trouvez un mur libre et mettez le ballon au mur devant vous, à la hauteur de la poitrine. Reculez d'un pas et assurez-vous que vos pieds sont écartés à la largeur des hanches.

2   ⓑ Pliez les bras en vous inclinant vers le ballon.

3   Tendez ensuite les bras, sans verrouiller les coudes.

4   Faites 6 à 8 pompes.

CONSEILS

- Au besoin, rapprochez-vous du mur et diminuez le mouvement jusqu'à ce que vous gagniez en confiance.

- Gardez les muscles profonds contractés pour protéger le bas du dos.

- Gardez les mains écartées à la largeur des épaules sur le ballon pour profiter d'une base de support large.

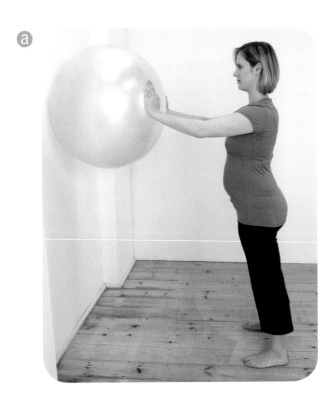

EXERCICES DU PLANCHER PELVIEN

? **DANS QUEL BUT ?** Il est très important de faire des exercices pour le plancher pelvien durant et après la grossesse, car ces muscles peuvent s'affaiblir à cause de la pression du bébé et du processus d'accouchement. Ces muscles jouent un rôle important dans la prévention de l'incontinence à l'effort après l'accouchement ou plus tard dans le futur. Vous ne voulez pas découvrir que vous avez une perte chaque fois que vous éternuez ou sautez! On dit aussi que tonifier les muscles du plancher pelvien réduit le risque de déchirure du périnée lors de l'accouchement.

a

1 **a** Commencez assise sur le ballon, les pieds écartés à la largeur des hanches, légèrement inclinée vers l'avant afin que les coudes reposent sur les genoux.

2 Serrez les muscles autour du vagin (comme si vous tentiez d'arrêter d'uriner à mi-chemin), tenez 4 à 6 secondes, puis détendez-vous.

3 Répétez 20 fois. Vous pouvez aussi essayer de faire cet exercice à d'autres occasions, tout en vaquant aux tâches quotidiennes.

CONSEIL
- Si vous n'êtes pas certaine d'utiliser les bons muscles, faites l'exercice quand vous allez à la toilette.

EXERCICES PRÉNATALS SUPPLÉMENTAIRES

Les exercices suivants, tirés de l'ensemble du livre, peuvent aussi être intégrés à votre programme d'exercices prénatals. Essayez d'inclure un exercice pour chaque région du corps par séance et variez-les à chaque entraînement. Rappelez-vous d'éviter de faire quoi que ce soit que vous trouvez inconfortable.

ACCOUCHEMENT AVEC LE BALLON

Vous trouverez ici des positions à essayer durant le travail. Vous découvrirez que certaines peuvent fonctionner pour vous et d'autres non – c'est normal. Vous êtes libre aussi d'improviser avec le ballon et de l'utiliser de la manière qui vous apporte le plus de confort. Il va de soi qu'il s'agit d'une expérience très personnelle ; par conséquent, faites ce qui vous convient.

POSITION ASSISE AVEC JAMBES ÉCARTÉES

> **?** **DANS QUEL BUT ?** C'est une excellente position à prendre durant les contractions. Se balancer d'un côté à l'autre aide à atténuer la douleur et, en même temps, la position redressée avec le bassin ouvert peut aider le bébé à adopter la position pour l'accouchement.

1 **a** Commencez assise sur le ballon, les jambes largement écartées. Penchez-vous vers l'avant, les coudes sur les cuisses.

2 Balancez-vous délicatement d'un côté à l'autre si vous le désirez ou, sinon, restez immobile. Faites ce qui est le plus confortable.

INCLINAISON VERS L'AVANT À GENOUX AVEC SUPPORT DU BALLON

? **DANS QUEL BUT ?** C'est une excellente position pour soulager la douleur au bas du dos durant le travail. Cette position est aussi utile si votre bébé est face vers l'avant et que vous désirez l'encourager à se retourner pour la position la plus favorable à l'accouchement.

1 **a** Commencez à genoux, le ballon devant vous. Enveloppez le ballon avec votre corps, de manière à ce qu'il se trouve sous la poitrine.

2 Vous pouvez soit relaxer simplement dans cette position, soit balancer le bassin vers l'intérieur et l'extérieur ou d'un côté à l'autre pour réduire la douleur au bas du dos.

a

SQUAT ADOSSÉ AU BALLON

 DANS QUEL BUT ? Cette position élargira l'ouverture du bassin pour qu'il soit prêt à l'accouchement tout en offrant un support au bas du dos.

1 ⓐ Commencez assise sur le ballon, puis marchez vers l'avant, en laissant le ballon remonter la colonne vertébrale, jusqu'à ce qu'il se trouve au bas de votre dos.

2 ⓑ Pliez ensuite les genoux et laissez tomber les hanches vers le plancher, en gardant les pieds écartés au-delà de la largeur des hanches.

3 Essayez de détendre le haut du corps contre le ballon. Si nécessaire, vous pouvez appuyer le ballon contre un mur pour plus de stabilité.

ⓐ

ⓑ

PENCHÉE DEBOUT

? **DANS QUEL BUT ?** Une position confortable qui offre de la mobilité au bassin et un lieu où reposer le haut du corps.

1 **a** Commencez en mettant le ballon sur une chaise, un lit ou une surface de hauteur semblable.

2 **b** Assurez-vous d'être à une enjambée du ballon, les pieds écartés au-delà de la largeur des hanches. Penchez-vous sur le ballon en l'enveloppant avec vos bras et en y posant la tête.

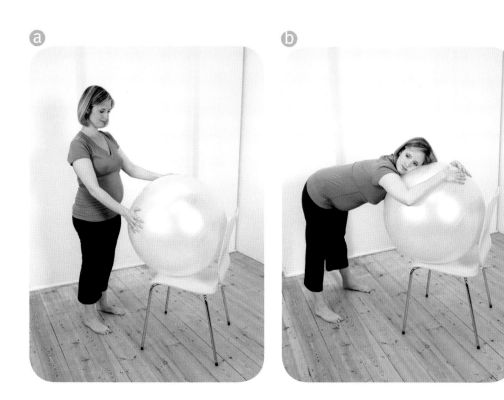

EXERCICES POSTNATALS

AVANT LA VISITE MÉDICALE DE LA 6ᵉ SEMAINE

Vous devriez vous abstenir d'un programme de gymnastique complet avant d'avoir reçu l'autorisation de votre médecin lors de la visite médicale de la sixième semaine. Toutefois, il y a quelques exercices que vous pourriez faire en attendant pour vous aider à retrouver votre tonus musculaire et votre forme d'avant la grossesse. Vous devriez tenter de rester aussi active que possible ; prendre de nombreuses marches avec votre bébé est une bonne façon d'y arriver, tout en ayant l'avantage de l'aider à dormir ! Les exercices suivants sont aussi excellents pour cette période.

ACCOUCHEMENT PAR CÉSARIENNE

Si vous avez accouché par césarienne, vous devrez attendre plus de six semaines avant d'amorcer un programme d'exercices. Vous devrez éviter de soulever des choses lourdes et augmenter graduellement vos niveaux d'activités avec le temps. La marche modérée est une bonne façon de rester active dès que vous en sentez le besoin et les exercices suivants pour le plancher pelvien peuvent aussi être exécutés. Consultez votre médecin ou votre sage-femme pour savoir quand vous pourrez faire plus de gymnastique.

PLANCHER PELVIEN

 DANS QUEL BUT ? Très similaire à l'exercice pour le plancher pelvien de la section prénatale, cet exercice améliorera le tonus des muscles pelviens après le traumatisme de l'accouchement, permettant d'éviter de futurs problèmes d'incontinence.

1 ⓐ Commencez sur les mains et les genoux, à plat ventre sur le ballon ; détendez le haut du corps afin que les avant-bras reposent sur le plancher, que votre tête s'appuie sur les mains et que les genoux soient légèrement soulevés du sol.

2 Serrez les muscles autour du vagin comme si vous vouliez arrêtez d'uriner pendant la miction. Tenez 10 secondes, puis détendez-vous.

3 Répétez autant de fois que vous le désirez, en changeant la vitesse et le temps de la contraction.

ⓐ

ÉTREINTE ABDOMINALE

? **DANS QUEL BUT ?** Pour commencer doucement à tonifier les muscles abdominaux.

1 **ⓐ** Commencez sur les mains et les genoux, à plat ventre sur le ballon, en vous assurant que la colonne vertébrale est en position neutre et que les mains et les genoux sont écartés à la largeur des hanches.

2 Rentrez le nombril vers la colonne vertébrale comme si vous tentiez de soulever le ventre du ballon.

3 Tenez jusqu'à 10 secondes et répétez 10 à 15 fois.

ⓐ

APRÈS LA VISITE MÉDICALE DE LA 6ᵉ SEMAINE

Après la visite médicale de la 6ᵉ semaine, si votre médecin vous le permet, vous êtes prête à amorcer doucement les exercices. Vous devez écouter votre corps et augmenter graduellement le niveau et la durée de votre routine quand vous vous sentez prête. Trouver le temps de s'exercer est parfois un des plus gros défis durant cette étape postnatale et, par conséquent, j'ai inclus des exercices que vous pouvez facilement exécuter avec votre bébé. Toutefois, soyez consciente de ce que certains exercices exigeront que votre bébé ait une certaine force dans le cou avant que vous les essayiez. Je suis certaine que vous et votre bébé aurez beaucoup de plaisir à ajouter certains exercices de votre cru à ceux proposés ici !

D'autres exercices de cette section ont été choisis un peu partout dans le livre comme bon point de départ à cette étape mais, comme toujours, écoutez votre corps et, si quelque chose vous incommode, ne le faites pas. Parmi ces exercices, vous devriez en choisir quelques-uns pour chaque partie du corps : haut du corps, bas du corps, torse, abdominaux. Très vite, vous serez en mesure d'ajouter des exercices plus intenses et plus exigeants à votre programme ; à ce moment-là, je vous conseillerais de consulter à nouveau le reste du livre et d'augmenter graduellement le niveau de vos séances d'entraînement avec le temps.

SÉPARATION ABDOMINALE

Durant la grossesse, vos muscles abdominaux se séparent pour faire de la place au bébé en croissance et il est important que vous les laissiez se refermer avant d'entreprendre un entraînement des abdominaux. Les muscles se replacent habituellement assez vite, mais peuvent prendre plus de temps dans certains cas.

Procédez à la vérification qui suit pour voir si vous êtes prête à exécuter certains exercices abdominaux.

1   Commencez couchée sur le dos, les genoux pliés et les pieds à plat sur le plancher. Placez vos auriculaires dans le nombril et les autres doigts en rang, en direction des côtes.

2   Ensuite, soulevez légèrement la tête et les épaules du plancher, comme si vous exécutiez un petit enroulement et, en même temps, exercez une pression avec le bout des doigts. Si vous sentez un vide, c'est la séparation abdominale appelée le diastasis des grands droits (en latin, *diastasis recti*). Vous sentirez les muscles se refermer autour de vos doigts en vous soulevant. Vous pouvez refaire le test avec les auriculaires placés légèrement sous le nombril.

3   Mesurez la largeur de la séparation en tournant les doigts et en la mesurant en largeurs de doigt. Vous ne devriez pas commencer d'exercices abdominaux tant que le vide excède deux largeurs de doigt.

EXERCICES AVEC BÉBÉ

LEVERS DU BÉBÉ DEVANT SOI

? **DANS QUEL BUT ?** Tonifier et renforcer les muscles des épaules et des bras.

1 **a** Commencez assise sur le ballon, les pieds écartés à la largeur des hanches et votre bébé assis sur vos genoux.

2 **b** Tenez votre bébé par le milieu du corps puis, tout en gardant les bras tendus, soulevez-le devant vous jusqu'à la hauteur de votre tête.

3 Redescendez le bébé sur vos genoux.

4 Répétez les levers 10 à 15 fois… bien que cela puisse varier selon le poids de votre bébé !

CONSEILS

- Assurez-vous que, en soulevant le bébé, vous gardez la colonne vertébrale droite et ne laissez pas votre poids pencher vers l'arrière.

- Gardez les muscles profonds contractés pour supporter le bas du dos.

a

b

LEVERS DU BÉBÉ AU-DESSUS DE LA POITRINE

? **DANS QUEL BUT ?** Tonifier et renforcer les muscles de la poitrine et de l'arrière des bras.

1 **a** Commencez couchée sur le dos sur le plancher, les jambes posées sur le ballon, les genoux pliés. Couchez votre bébé à plat ventre sur votre poitrine en le tenant autour du torse.

2 **b** Tendez les bras en repoussant votre bébé afin qu'il soit parallèle à votre poitrine.

3 Pliez ensuite les bras pour revenir à la position de départ.

4 Répétez les levers du bébé au-dessus de la poitrine 10 à 15 fois.

CONSEILS

- Contractez les muscles profonds pour vous assurer que la position neutre de la colonne vertébrale est maintenue tout au long de l'exercice.

- Une fois les bras tendus, gardez les coudes légèrement souples pour éviter de verrouiller les articulations.

SÉQUENCE DE COUCOU

? DANS QUEL BUT ? Tonifier le haut du dos tout en amusant votre bébé !

1 Ⓐ Commencez sur les mains et les genoux, à plat ventre sur le ballon, et le bébé couché sur le plancher sous votre tête.

2 Ⓑ Levez les bras en repoussant les coudes aussi loin que possible derrière le torse. Au même moment, vous pouvez dire «Coucou!» à votre bébé en découvrant votre visage.

3 Revenez ensuite à la position de départ.

4 Répétez la séquence 10 à 15 fois.

Ⓐ

CONSEILS

• Gardez le torse fermement en position tout en tirant les coudes vers l'arrière. Il ne devrait pas y avoir d'autres mouvements que celui des bras.

• Rapprochez les omoplates en tirant les bras vers l'arrière pour vous assurer de vraiment utiliser les muscles du dos.

Ⓑ

ENROULEMENTS AVEC BÉBÉ

? DANS QUEL BUT ? Tonifier et renforcer les abdominaux.

1 Commencez assise sur le ballon, les pieds écartés à la largeur des hanches et le bébé assis sur vos cuisses.

2 **b** Faites ensuite quelques pas en laissant le ballon remonter la colonne vertébrale jusqu'à ce qu'il soit sous le bas de votre dos. Ajustez le bébé afin qu'il soit assis sur votre bassin.

3 **c** Enroulez le haut du corps aussi loin que la position est confortable, puis redescendez lentement pour reprendre la position de départ.

4 Répétez l'enroulement 10 à 15 fois.

CONSEILS

- Gardez les pieds largement écartés pour vous donner une bonne base de soutien.
- Gardez le cou aligné sur le reste de la colonne vertébrale et évitez toute tension dans cette région.

BERCEMENT ET SQUAT

? DANS QUEL BUT ? Tonifier et renforcer les muscles des jambes et des fesses. Une belle position confortable pour votre bébé.

1 Commencez assise sur le ballon, votre bébé assis sur vos cuisses. Marchez vers l'avant en laissant le ballon remonter la colonne vertébrale jusqu'à ce qu'il soit sous le bas du dos.

2 **b** Pliez ensuite les genoux et laissez tomber les hanches vers le plancher. Tenez votre bébé près de votre poitrine, le visage vers vous, puis posez votre tête sur le ballon.

3 **c** Ensuite, redressez un peu les jambes, tout en roulant vers l'arrière sur le ballon.

4 Pliez les genoux de nouveau, en descendant en position de squat pour revenir à votre position de départ.

5 Faites 10 à 15 squats, puis, prudemment, marchez à reculons pour revenir sur le ballon et terminer l'exercice.

CONSEILS

- Gardez les genoux alignés sur les chevilles en prenant la position du squat.
- Gardez le corps détendu sur le ballon et laissez les jambes faire tout le travail.

LEVERS DES MOLLETS

? **DANS QUEL BUT ?** Tonifier les muscles des mollets en utilisant votre bébé comme poids.

1 **a** Commencez assise sur le ballon, les pieds joints, votre bébé couché sur vos cuisses.

2 **b** Soulevez les talons du plancher tout en poussant sur la pointe de vos pieds.

3 Abaissez ensuite les talons à la position de départ.

4 Répétez les levers des mollets 20 à 30 fois.

CONSEIL

• Contractez les muscles des mollets en levant les talons pour faire travailler les muscles un peu plus fort.

CONTRACTION DES MUSCLES ADDUCTEURS

? **DANS QUEL BUT ?** Tonifier les muscles intérieurs de la cuisse.

1   Commencez assise sur le plancher, les pieds à plat, les genoux pliés, en tenant le ballon entre les genoux. Assoyez votre bébé sur le ballon et gardez-le là.

2 Serrez le ballon entre vos genoux comme si vous tentiez de le faire éclater, puis relâchez.

3 Faites 15 à 20 serrements.

CONSEIL

• Essayez d'établir un rythme quand vous serrez le ballon, afin de contracter, relâcher, contracter, relâcher. Vous pouvez aussi essayer un rythme plus rapide et vous rendre jusqu'à 50 !

LEVERS ARRIÈRES DES JAMBES AVEC BRUIT AMUSANT SUR LE VENTRE DU BÉBÉ!

? **DANS QUEL BUT?** Tonifier et renforcer l'arrière des jambes et les fesses.

1 Commencez sur les mains et les genoux, à plat ventre sur le ballon et votre bébé sur le plancher devant vous.

2 Amenez votre poids légèrement vers l'avant afin que vos genoux quittent le sol et que vos jambes soient droites. Posez les avant-bras sur le plancher de chaque côté du bébé.

3 **c** Levez les jambes tendues derrière vous jusqu'à ce que votre corps forme une diagonale, puis redescendez en position de départ. Vous pouvez maintenant faire un bruit amusant sur le ventre de votre bébé tout en vous relevant!

4 Répétez les levers 10 à 15 fois.

a

b

c

CONSEILS

- Assurez-vous que les muscles profonds sont contractés avant d'amorcer l'exercice, car c'est ce qui assurera la position neutre de la colonne vertébrale quand vous lèverez les jambes.

- Contractez les fesses en levant les jambes pour faire travailler les muscles du derrière un peu plus fort.

EXERCICES POSTNATALS ADDITIONNELS

Un choix d'exercices tirés d'autres chapitres du livre pour compléter vos routines avec ou sans votre bébé

Chapitre 3 – Aérobique avec le ballon

Vous pouvez maintenant faire l'essai de la routine de la section aérobique, en vous assurant de travailler seulement à votre niveau et d'accroître la durée et l'intensité graduellement. Adaptez la routine au besoin, évitant tout exercice qui n'est pas confortable.

COMBIEN DE TEMPS DURE LA PÉRIODE POSTNATALE ?

Cela peut varier d'une femme à l'autre, parce que cela dépend vraiment de comment vous vous sentez. La chose importante à prendre en considération, c'est de savoir si la relaxine, une hormone de grossesse, est évacuée de votre système. Certains experts disent que cela peut prendre cinq mois environ, quoique d'autres pensent que ce puisse être plus long, et que ce n'est pas avant que vous ayez cessé d'allaiter. Je vous suggérerais de tenir compte de votre niveau de forme physique prénatale et d'écouter votre corps. Quand vous sentez que vous êtes prête pour des exercices plus exigeants, vous pouvez toujours consulter le livre de nouveau.

CHAPITRE NEUF

DÉSTRESSER AVEC LE BALLON

MÉDITATION

Les gens viennent à la méditation pour toutes sortes de raisons et avec des attentes différentes. Vous devriez l'aborder comme un autre élément de votre routine quotidienne de conditionnement physique et en tirer ce dont vous avez besoin, que ce soit vous soulager du stress, améliorer votre santé physique ou mentale, ou ressentir une impression durable de bien-être.

Peut-être voyez-vous la méditation comme des gens assis en tailleur sur le sol, émettant un étrange bourdonnement et ne faisant généralement pas grand chose. Toutefois, en fait, la méditation est un exercice mental de l'esprit, de la même manière qu'il y a des exercices physiques pour le corps. Vous seriez très surpris de découvrir combien il est difficile de « simplement s'asseoir » tout en méditant. Vous voudrez bouger, téléphoner à un ami, préparer un café, allumer la télévision, tout pour éviter de seulement être. Par contre, si vous pouvez cesser de vouloir faire quelque chose et si vous laissez passer sans l'arrêter toute pensée qui vous vient à l'esprit, vous pourrez alors profiter du pouvoir de la méditation vous aussi. La méditation est une zone tampon entre vous et les stress de la vie quotidienne, une oasis de tranquillité. Elle vous changera en vous immunisant mieux contre le stress, en vous rendant plus calme, en meilleure santé et en vous comblant de joie à ras bord.

Utiliser le ballon durant la méditation offre de nombreux avantages. D'abord, il est confortable, il nous permet de relaxer pleinement dans une posture sans la distraction d'un dos qui fait mal ou d'un plancher inconfortable. Il est réconfortant et il nous offre le plaisir du contact – comme un enfant avec sa doudou ou sa peluche préférée. Le ballon peut aussi nous aider à nous concentrer sur la respiration, en montant et en descendant si nous le plaçons sur notre abdomen, nous assurant que nous dirigeons notre respiration correctement et servant de repère visuel pour notre rythme respiratoire. Tout au long du livre, le ballon est devenu un ami très cher et qu'y aurait-il de mieux que passer plus de temps ensemble ?

Dans ce chapitre, nous allons essayer quelques-unes seulement des nombreuses différentes techniques et traditions de méditation. Elles ont toutes une chose en commun : elles essaient de vous enseigner comment ne pas penser, ou comment ralentir vos pensées. Elles utilisent une concentration de l'attention afin que vos pensées ne soient pas éparses ou erratiques. Cela ne signifie pas que vous êtes inconscient, vous ne faites qu'essayer de lâcher prise sur les milliers de détails qui passent frénétiquement par votre esprit. Personne ne peut nier que penser nous est nécessaire comme êtres humains. Le problème, c'est que, quand nous voulons relaxer un peu, nous ne faisons que continuer de penser. La méditation consiste à stimuler votre concentration et canaliser vos pensées.

Elle vous donne du temps pour vous-même et vous met en harmonie avec l'univers.

BIENFAITS DE LA MÉDITATION

- Diminue les hormones du stress dans le sang.
- Abaisse les niveaux de cholestérol.
- Réduit les risques de dépression ou d'anxiété.
- Augmente la confiance en soi.

- Réduit le nombre de cas de maladies cardiaques.
- Clarifie l'esprit et crée un état d'être plus calme.
- Peut aider à guérir ou gérer une douleur chronique.
- Favorise un sentiment général de bien-être.

EXERCICES DE MÉDITATION AVEC LE BALLON

Avant de commencer les exercices de méditation suivants, assurez-vous de porter les vêtements appropriés pour vous garder au chaud et confortable. Assurez-vous de ne pas être dérangé par quiconque – éteignez votre téléphone mobile et débranchez votre téléphone domestique.

MÉDITATION ASSISE AVEC CHANDELLE

Assoyez-vous d'abord sur votre ballon et placez une chandelle allumée afin qu'elle soit de niveau avec vos yeux. Assurez-vous d'être confortable et que la tête, le cou, les épaules et les bras sont détendus.

Commencez en tournant votre attention sur votre respiration, en imaginant que, chaque fois que vous expirez, vous libérez toute tension qui perdure, jusqu'à ce que vous sentiez vos muscles se détendre. Ensuite, concentrez-vous sur la flamme de la chandelle. Calmez votre esprit et videz-le des pensées. Entrez dans la lumière de la chandelle, en sentant la chaleur vous envelopper pendant que votre corps fond dans la détente. Si des pensées viennent à votre esprit, laissez-les passer, maintenez votre concentration sur la chandelle. Perdez-vous dans la flamme vacillante et laissez votre corps se détendre.

MÉDITATION ET COMPTE DES RESPIRATIONS

Allongez-vous sur le dos, le ballon sur votre abdomen. Assurez-vous d'être confortable et que toutes les régions du corps sont détendues. Gardez les bras tout à fait détendus même si les mains gardent le ballon en place. Concentrez ensuite votre attention sur votre respiration. Sentez le ballon qui monte et descend à chaque inspiration et expiration. Devenez conscient du trajet de votre souffle qui passe par le nez, descend dans les poumons et sort ensuite par votre bouche.

Gardez votre concentration sur chaque respiration. Tout en comptant silencieusement, inspirez en comptant un, puis expirez, en disant un pour vous-même. À l'inspiration suivante, dites deux. Reprenez deux en expirant. Inspirez et comptez trois. Expirez en comptant trois. Continuez ainsi jusqu'à ce que vous ayez atteint le compte de dix, puis reprenez le compte à rebours. Continuez d'utiliser le même compte silencieux dans votre tête et restez conscient du ballon qui monte et descend avec chaque respiration. Si une pensée vient à votre esprit, laissez-la passer et ramenez votre concentration sur le compte silencieux. Laissez l'air et le souffle libérer toute tension du corps. Quand vous revenez au compte de un, retournez la concentration sur votre corps. Devenez conscient de comment vous vous sentez.

LE CORPS SCANNÉ PAR L'ESPRIT

Commencez dans la Posture du cadavre (voir la page 193), couché sur le dos, les pieds sur le ballon. C'est l'une des plus importantes postures du yoga, car elle est conçue pour amener le corps dans une détente consciente totale. Cette posture est facilement recréée avec le ballon ; elle est excellente pour quiconque a des douleurs au bas du dos, car elle ôte la pression du bas du dos pendant qu'on maintient la posture. Assurez-vous d'être détendu et confortable avant de commencer et de ne garder aucune tension dans le corps.

1   Amenez d'abord votre attention sur le pied droit ; contractez-le quelques secondes, puis détendez-le tout en imaginant qu'il est très lourd et chaud.

2   Ensuite, en remontant la jambe droite, contractez le muscle du mollet quelques secondes, puis détendez-le en laissant toute la tension évacuer votre jambe en l'imaginant lourde et chaude.

3   Contractez le muscle de la cuisse, détendez-le aussi et permettez à toute la tension de s'écouler par le pied, en laissant une impression de lourdeur, de détente et de chaleur dans la jambe. Prenez maintenant conscience de la différence de sensation entre vos jambes gauche et droite.

4   Vous allez maintenant répéter l'exercice avec la jambe gauche ; notez ensuite si vous sentez vos deux jambes de la même manière.

5   Ensuite, contractez fermement les fesses quelques secondes, puis détendez-les en sentant la tension s'écouler, laissant une impression de lourdeur et de chaleur.

6   Contractez ensuite les abdominaux quelques secondes ; de nouveau, détendez-les et libérez la tension.

7   Maintenant, la colonne vertébrale : visualisez la tension qui s'y trouve, puis imaginez qu'elle s'évacue par le coccyx, laissant chaque vertèbre s'alourdir et s'enfoncer dans le sol.

8   Contractez ensuite les muscles de votre poitrine autant que possible quelques secondes, et laissez la tension s'écouler dans la colonne vertébrale et s'évacuer par le coccyx.

9   Concentrez ensuite votre attention sur votre épaule gauche ; contractez-la afin qu'elle se détache du sol, puis détendez-la en imaginant que la tension s'écoule par le bout des doigts.

10 Contractez ensuite le reste du bras gauche, puis détendez-le après quelques secondes en sentant la tension s'écouler par le bout des doigts.

11 Serrez ensuite le poing aussi fort que possible, puis détendez-le en laissant toute l'énergie négative fuir par le bout des doigts. Notez maintenant si vous sentez vos bras gauche et droit de la même manière.

12 Répétez ensuite le processus avec le bras droit, en commençant par l'épaule ; à la fin, notez si vous sentez les deux bras de la même manière.

13 Rentrez ensuite le menton, créant une tension dans le cou. Après quelques secondes, détendez-le et laissez toute énergie négative s'écouler par la colonne vertébrale et s'évacuer par le coccyx.

14 Enfin, serrez les mâchoires et plissez tout le visage. Détendez ensuite le visage en imaginant que la peau et les muscles tombent vers l'arrière de votre tête.

15 Imaginez maintenant un chaud rayon de lumière. Il commence à vos orteils et remonte lentement votre corps jusqu'à la couronne de votre tête, tout en vérifiant s'il reste des tensions sur son parcours. S'il reste des régions tendues, laissez la lumière les réchauffer et les détendre.

16 Vous devriez maintenant vous sentir tout à fait détendu. Imaginez que votre corps fond dans le sol, que vos pieds fondent dans le ballon. Restez dans cette position au moins 10 minutes. Restez conscient de votre respiration, respirant profondément et remplissant tout le corps.

17 Ramenez ensuite graduellement votre conscience vers votre corps et votre environnement. Assoyez-vous lentement quand vous êtes prêt.

PENSÉE CONSCIENTE

La pensée consciente est l'une des techniques de méditation les plus simples, quoique la plus révélatrice potentiellement, car elle implique de lâcher prise sur tout désir de contrôler vos pensées, tout en ne les laissant pas vous contrôler. Durant la journée, au hasard, arrêtez ce que vous faites et vérifiez si vous êtes en état de pensée consciente. Êtes-vous détendu et portez-vous attention à la tâche que vous exécutez ? Ou vous laissez-vous distraire par ce que vous ferez ensuite, ou par ce que vous auriez dû faire hier ? Dans nos efforts pour atteindre un mode de vie plus productif et efficace, nous oublions quelque chose de très important : la part de la vie. Apprenez à vivre dans le moment présent et prenez le temps de vous en rendre compte.

Faites l'essai de cet exercice facile de pensée (ou présence) consciente : réglez un chronomètre à une minute et regardez par la fenêtre, peu importe que vous soyez à la maison ou au bureau. Au son du chronomètre, écrivez tout ce que vous avez observé durant cette minute. Vous pouvez faire ce même exercice en ne notant que les sons si vous le désirez. Plus vous le ferez, plus votre liste s'allongera, car vous deviendrez habile à observer consciemment, en vivant dans le moment présent et en étant conscient de ce qui se passe.

AUTO MASSAGE AVEC LE BALLON

Le massage peut à la fois stimuler et détendre le corps et l'esprit. Quand les muscles se détendent, les articulations raides s'assouplissent et les nerfs s'apaisent, ce qui procure une impression générale de relaxation et de bien-être. Le massage est un outil très puissant. Tout le monde apprécie un massage, des bébés aux personnes âgées, des sportives et des sportifs aux amants et aux amis. Chacun de nous peut bénéficier d'une manière ou d'une autre de ce puissant type de toucher.

Utiliser le ballon pour remplacer une personne qui donnerait un massage peut sembler légèrement bizarre, mais certaines personnes préfèrent ne pas avoir un contact si intime avec un massothérapeute et se sentent beaucoup plus confortables avec cette approche. Pour ceux d'entre vous qui apprécient vraiment le contact humain, le but ici n'est pas de remplacer ces séances, mais c'est une occasion de vous auto masser. Il y a de nombreux produits d'auto massage sur le marché comme des rouleaux et des boules en bois, mais il y a quelque chose dans le ballon exerciseur, sa forme, sa texture et son toucher délicat, qui se prête très bien à en faire le parfait partenaire de massage.

Ces dernières années, on a redécouvert les pouvoirs thérapeutiques du massage et diverses thérapies du toucher, utilisées par d'autres cultures depuis des millénaires. Le massage devient plus largement reconnu pour ses bienfaits et ses capacités thérapeutiques, non seulement dans les milieux holistiques, mais aussi dans l'ensemble de la profession médicale. Bien que l'on soit restreint quand au type de manœuvres de massage à expérimenter avec le ballon, ce devrait pourtant être relaxant et serein et votre corps devrait se sentir équilibré et revitalisé.

MASSAGE DES ÉPAULES À GENOUX

? DANS QUEL BUT ? Libérer la tension à l'avant des épaules.

1 **a** Commencez à genoux, le ballon sous l'avant de l'épaule droite et la main gauche sur le plancher pour vous soutenir.

2 **b** Commencez à tracer des cercles avec l'épaule droite, en la poussant dans le ballon, tout en essayant de couvrir toute la zone de l'épaule avec la pression du ballon.

3 Faites 10 à 15 cercles, puis répétez du côté gauche.

CONSEILS

• Ajustez la pression sur le ballon à vos propres besoins. Certaines personnes aiment que leur massage soit ferme, d'autres le préfèrent léger.

• Essayez de masser toute la zone à l'avant de l'épaule avec la pression du ballon. Accordez une attention particulière à toute zone que vous sentez raide ou tendue.

MASSAGE DU TORSE À GENOUX

? **DANS QUEL BUT ?** Libérer les tensions à l'avant du torse, dont les muscles pectoraux (poitrine) et le haut des abdominaux.

1 **ⓐ** Commencez agenouillé, le ballon sur vos genoux et vos bras enveloppant le ballon.

2 **ⓑ** Roulez votre corps vers l'avant en laissant le ballon rouler au bas des genoux. Continuez de rouler vers l'avant jusqu'à ce que le ballon se trouve aussi loin que sous les abdominaux.

3 Roulez ensuite à reculons à la position de départ.

4 Répétez les roulements 8 à 10 fois.

ⓐ

CONSEILS

- Gardez un rythme lent et constant tout au long des roulements, en agissant vraiment sur toutes les zones de tension.

- Gardez le ballon tout près du corps en le tenant bien.

- Vous bénéficierez d'une meilleure détente en fermant les yeux et en vous abandonnant pleinement au mouvement.

ⓑ

MASSAGE DES QUADRICEPS

? **DANS QUEL BUT ?** Libérer toute tension dans les gros muscles à l'avant des cuisses.

1 **a** Commencez à plat ventre sur le ballon, les mains sur le plancher, le ballon sous la hanche droite et la pointe du pied gauche sur le plancher.

2 **b** Utilisez le pied gauche pour amorcer le mouvement. Bougez afin que le ballon roule vers le bas de la jambe droite jusqu'à ce qu'il se trouve juste au-dessus du genou, puis roulez le ballon de nouveau vers la hanche. Essayez de créer un mouvement circulaire afin que vous vous déplaciez vers le bas d'une jambe et le haut de l'autre.

3 Répétez le mouvement 10 à 15 fois, puis changez de jambe.

CONSEILS

*   Gardez votre poids réparti entre vos deux mains et le pied qui supporte et bougez le corps aussi loin que vous avez besoin de masser la longueur de la cuisse.

*   Gardez les abdominaux contractés tout au long du mouvement pour éviter une pression inutile sur le bas du dos.

MASSAGE DU HAUT DU DOS/DE LA NUQUE

? **DANS QUEL BUT ?** Libérer les tensions dans le cou et le haut du dos.

1 **a** Commencez assis, les genoux pliés et le ballon sur le plancher derrière vous. Penchez-vous vers l'arrière sur le ballon afin qu'il se trouve sous le cou et tendez les bras par-dessus la tête pour le tenir en place.

2 **b** Soulevez vos fesses de quelques centimètres du sol, puis bougez le corps d'un côté à l'autre afin que le ballon roule d'abord sous l'épaule droite, puis complètement de l'autre côté, jusqu'à ce qu'il soit sous l'épaule gauche.

3 Roulez d'un côté à l'autre 10 à 12 fois.

CONSEILS

- Essayez de manœuvrer le ballon afin qu'il atteigne toute zone que vous sentez particulièrement tendue.
- Gardez un rythme régulier en bougeant d'un côté à l'autre, pour découvrir votre propre rythme de mouvement.

MASSAGE DES FESSES

 DANS QUEL BUT ? Libérer toute tension dans les fesses et le haut des ischio-jambiers.

1 **a** Commencez assis sur le ballon, les mains posées légèrement sur vos genoux ou à vos côtés.

2 **b** Commencez à tracer un grand cercle avec les hanches, d'abord vers la droite en vous assurant que le ballon traverse toute la zone, en massant les gros muscles des fesses.

3 Tracez 10 à 15 cercles. Répétez à gauche.

CONSEIL

- Déplacez votre poids autour du ballon autant que nécessaire pour vous assurer que toute la région des fesses est massée.

MASSAGE LATÉRAL

? DANS QUEL BUT ? Libérer toute tension dans les côtés du corps.

1 **ⓐ** Commencez à genoux, le ballon à votre droite.

2 **ⓑ** Couchez-vous de côté sur le ballon, en tendant le bras droit vers le sol. Tendez le bras gauche par-dessus la tête et tendez la jambe gauche sur le côté.

3 Tracez des cercles avec le ballon sur le côté droit du corps, en utilisant la jambe gauche pour diriger le ballon dans les zones que vous voudriez masser.

4 Faites 10 à 15 cercles. Répétez de l'autre côté.

CONSEIL

- Si vous soulevez la poitrine vers le plafond, vous pourrez aussi travailler l'arrière des omoplates. Si vous laissez tomber la poitrine vers le plancher, vous atteindrez la poitrine et la cage thoracique.

ⓐ

ⓑ

ROULEMENTS SUR LE DOS

? DANS QUEL BUT ? Libérer les tensions de part et d'autre de la colonne vertébrale.

1   Commencez assis sur le ballon. Marchez en laissant le ballon remonter la colonne vertébrale , en arrêtant quand il se trouve sous les omoplates **ⓑ**. Assurez-vous que le ballon ne se trouve pas sous la colonne vertébrale : vous devriez le sentir sous les muscles qui bordent les vertèbres.

2   **ⓒ** Placez la main gauche derrière la tête, en supportant le cou, et déplacez votre poids afin que le ballon se trouve sur le côté droit du dos.

3   **ⓓ** Tendez vos jambes en laissant le ballon rouler jusqu'au bas du dos.

4   **ⓔ** Pliez les genoux en laissant le ballon remonter jusqu'au cou.

5   Continuez de rouler le ballon de haut en bas sur le côté droit 10 à 15 fois. Répétez sur le côté gauche.

CONSEILS

- Gardez le cou détendu dans la main qui supporte.
- Gardez le mouvement régulier, ne ralentissant que pour travailler les zones de tension.

RESSOURCES

www.passeportsante.net
Ce site québécois offre au grand public de l'information pratique, fiable, objective et indépendante sur la prévention de la maladie et l'acquisition de saines habitudes de vie. On y trouve plusieurs volets consacrés à l'exercice avec le ballon (appelé tantôt ballon exerciseur, ballon d'exercice, ballon suisse ou tout bonnement ballon), au conditionnement physique, à la méthode Pilates, au yoga, à la méditation, à la grossesse, à l'accouchement et au parentage.

www.yoga-quebec.net
Centre de yoga, d'enseignement, de motivation et de soutien par rapport à la pratique du yoga classique de Patanjali. Situé dans la ville de Québec.

www.federationyoga.qc.ca
Organisme sans but lucratif destiné à mieux faire connaître la pratique du yoga et assurer la certification des écoles et professeurs, la Fédération francophone de yoga est le secrétariat officiel du World Wide Council of Yoga pour les pays francophones.

www.kinesiologue.com
Le kinésiologue est un professionnel de la santé, spécialiste de l'activité physique, et le site de la Fédération des kinésiologues du Québec offre une foule d'informations sur la nature du travail des praticiens et la gamme des secteurs où ils peuvent intervenir (loisir, sport, travail, réadaptation, etc.) pour améliorer ou corriger la santé physique des individus.

www.sante.uottawa.ca/esr/cliniqueuniv/Ecriture.pdf
Document produit par l'université d'Ottawa sur le lien entre l'apprentissage de l'écriture et la posture de l'enfant, qui inclut l'usage du ballon exerciseur comme siège.

www.chu-sainte-justine.org/famille
Site de l'hôpital Sainte-Justine de Montréal qui présente diverses ressources sur la gymnastique prénatale et postnatale.

INDEX

REMERCIEMENTS DE L'AUTEURE

À mon fils, Finn, un plus dans ma vie depuis mon dernier livre, qui m'a apporté tant de soleil et de bonheur au cours des quatre dernières années – ce qui a changé ma vie à jamais ! Petit homme si affectueux et beau, il me rend très fière et emplit mon cœur d'amour.

À mon amie Karen, tuée tragiquement alors qu'elle aidait les gens en manque de soins médicaux dans une région isolée de l'Afghanistan. Que son héritage survive et que sa bravoure et sa compassion en inspirent d'autres. Pour contribuer au soutien de la poursuite de son travail, rendez-vous sur le site www.karenwoofoundation.org

Et à mon conjoint Ken et à ma famille pour leur support indéfectible au fil des détours et des surprises de la vie.

Je remercie aussi mon éditrice Kyle Cathie pour son soutien constant à mon travail, mon éditrice intellectuelle Catharine Robertson, le photographe Tony Chau et la conceptrice Heidi Baker.